LES

ORIGINES DU GNOSTICISME

ÉTUDE D'HISTOIRE RELIGIEUSE

PAR

LÉON MAURY

ἐὰν εἰδῶ τὰ μυστήρια πάντα,
καὶ πᾶσαν τὴν γνῶσιν, ἀγάπην
δὲ μὴ ἔχω, οὐθέν εἰμι.

I Corinthiens, XIII, 2.

MONTAUBAN

IMPRIMERIE ADMINISTRATIVE ET COMMERCIALE J. GRANIÉ

Boulevard de la Citadelle

1884

LES ORÍGINES DU GNOSTICISME

LES
ORIGINES DU GNOSTICISME

ÉTUDE D'HISTOIRE RELIGIEUSE

THÈSE

POUR LE BACCALAURÉAT EN THÉOLOGIE

PUBLIQUEMENT SOUTENUE

DEVANT LA FACULTÉ DE THÉOLOGIE PROTESTANTE DE MONTAUBAN

EN JUILLET 1884

PAR

LÉON MAURY

DE NIMES
LICENCIÉ ÈS LETTRES

MONTAUBAN

IMPRIMERIE ADMINISTRATIVE ET COMMERCIALE J. GRANIÉ

Boulevard de la Citadelle

—

1884

RÉPUBLIQUE FRANÇAISE

UNIVERSITÉ DE FRANCE

Académie de Toulouse

FACULTÉ DE THÉOLOGIE PROTESTANTE DE MONTAUBAN

PROFESSEURS

MM.

Boïs, ✳, Doyen,	*Morale et éloquence sacrée.*
Nicolas, ✳,	*Philosophie.*
Pédézert, ✳,	*Littérature grecque et latine.*
Monod, ✳,	*Dogmatique.*
Bruston,	*Hébreu et critique de l'A.-T.*
Wabnitz,	*Exégèse et critique du N.-T.*
Doumergue,	*Histoire ecclésiastique.*

Leenhardt, chargé d'un cours de *Sciences naturelles.*
Sayous, chargé d'un cours d'*Histoire* et de *Littérature.*

EXAMINATEURS

MM. Pédézert, ✳, *Président de la soutenance.*
BRUSTON.
WABNITZ.
DOUMERGUE.

A la Mémoire de mon Père

LES ORIGINES DU GNOSTICISME

ÉTUDE D'HISTOIRE RELIGIEUSE

ἐὰν εἰδῶ τὰ μυστήρια πάντα,
καὶ πᾶσαν τὴν γνῶσιν, ἀγάπην
δὲ μὴ ἔχω, οὐθέν εἰμι.

I Corinthiens, XIII, 2.

INTRODUCTION

Tout ce qui touche aux origines du christianisme est à l'ordre du jour. Nous n'avons pas besoin d'insister sur l'intérêt qui s'attache à ce sujet ; chacun sait à quel point les esprits s'en sont passionnés, tant en France qu'en Allemagne et en Angleterre. Revenir sur ces problèmes serait bien téméraire dans une modeste étude comme la nôtre ; mais il y a des questions secondaires dont l'examen pourra jeter quelque lumière sur la question capitale, et qui, bien qu'elles ne viennent pas en première ligne, ont cependant une certaine importance : parmi celles-là, la recherche des origines du gnosticisme nous semble avoir une place légitime.

Déterminer, d'une façon précise, quelles sont les sources
de cette philosophie étrange, qu'un historien a qualifiée
de « cauchemar de l'humanité » (1), et qui a eu cependant un si grand renom, savoir d'où elle vient, quelle
influence l'a produite, dans quelle mesure les idées chrétiennes ont concouru à sa formation, toutes ces questions
ne manquent pas d'intérêt, et leur solution est peut-être
plus grave qu'on ne le croirait au premier abord.

Plusieurs hypothèses sont, en effet, en présence : d'après
les unes, le gnosticisme est le produit d'une importation
dans le sein du christianisme de la plupart des théosophies et des cosmogonies de l'antiquité : « On suppose
qu'il se trouva, dans l'Eglise primitive, des hommes d'un
esprit naturellement spéculatif qui, vivement excités par
l'enseignement chrétien à la recherche des choses spirituelles, essayèrent de découvrir au fond de la religion
nouvelle une métaphysique subtile, et qui, s'aidant pour
accomplir ce travail des principes des systèmes philosophiques ou religieux répandus à cette époque, donnèrent
naissance à une science théosophique qui, par opposition
à la foi du simple fidèle, fut appelée là gnose. Ou bien
encore, on admet que des hommes, imbus déjà avant
d'entrer dans l'Eglise des opinions théosophiques qui
avaient cours en ce moment à Alexandrie et dans l'Asie
Mineure, comprirent la doctrine chrétienne à travers leurs
conceptions religieuses antérieures, et, les mêlant à la foi

(1) De Pressensé, *Histoire des trois premiers siècles de l'Eglise chrétienne,* vol. II, p. 441.

nouvelle, produisirent une sorte de théosophie, qui, tout
en conservant une apparence extérieure de christianisme,
différa cependant de l'enseignement des apôtres, autant par
sa tendance générale que par de nombreux détails » (1).

Baur et Hilgenfeld soutiennent que le gnosticisme est
un développement naturel du christianisme : « Celui-ci
ne doit plus être considéré dès lors comme le principe du
salut, mais comme le principe du monde » (2). Le christianisme va se transformer en une cosmogonie, mais il ne
cessera pas pour cela d'être le *christianisme;* en d'autres
termes, le gnosticisme est simplement une phase de l'évolution nécessaire du principe chrétien (3). On comprend
de quelle importance est une pareille affirmation et quelles
conséquences elle entraîne : transformer le christianisme
en une théosophie aussi nuageuse, aussi fantaisiste que la
théosophie gnostique, c'est abandonner complètement la
tradition évangélique et quitter le domaine de la révélation
divine pour celui de la spéculation purement humaine.
Il s'agit donc de savoir exactement ce qui en est : il faut
chercher les premières traces des idées que les théosophes
du IIe siècle ont systématisées et professées sous le nom
spécieux de la *Connaissance* (γνῶσις) et voir si c'est en
réalité le christianisme qui les leur a fournies.

___

(1) Michel Nicolas, « Les origines du gnosticisme » *(Nouvelle Revue
de Théologie.* Strasbourg, 1860, vol. V, p. 324).

(2) Baur, *Das Christenthum der drei ersten Iahrhunderte. Dritter
Abschnitt,* p. 159

(3) Voir *Ersch u. Grüber Encyclopœdie,* article « Gnosticismus »
(Lipsius), p. 228-231.

Il est certain qu'à un moment donné il y a eu des emprunts. Les gnostiques, Valentin et Marcion surtout, n'ont pas pris une position hostile à la religion chrétienne ; loin de là, puisqu'ils ont même eu la prétention d'en être les vrais représentants (1). Là-dessus à peu près tous les critiques sont d'accord. Mais, avant que les différents systèmes se soient formés, où étaient les éléments qui les ont constitués? Au fond, les diverses hypothèses que nous venons de rappeler se réduisent à cette alternative :

Ou le gnosticisme est une théosophie étrangère au christianisme, qu'on a voulu mettre en accord avec la nouvelle religion ; ou c'est, au contraire, un produit naturel, logique, nécessaire, de la doctrine chrétienne.

Voilà la question que nous nous proposons d'examiner.

Un coup d'œil, même superficiel, jeté sur les divers systèmes gnostiques, montre tout de suite que, malgré leur variété, ils ont tous un fonds commun. « La gnose offre une remarquable unité. Ses nombreuses écoles ne se distinguent les unes des autres que dans des points de détail, ou, pour mieux dire, que dans les termes moyens. L'esprit est essentiellement le même dans toutes, et les différences secondaires ne sont pas de nature à en altérer

---

(1) « Le gnosticisme se donne constamment pour une science chrétienne, ou, pour mieux dire, comme la seule véritable science chrétienne. » Nicolas, « Origines du gnosticisme » (*Nouvelle Revue de Théologie*, vol. v, p. 324). — Les gnostiques disaient en parlant de l'enseignement de Jésus-Christ : « Personne n'entend les mystères que les seuls parfaits gnostiques. » (*Philosophoumena*, v, 8, p. 160.)

le caractère général. Elles ne sont, en définitive, que des variations d'un thème commun ou que des explications diverses d'un même système » (1). Il est évident que des philosophies aussi singulièrement composées que celles-là n'apparaissent pas à un moment précis de l'histoire sans antécédents qui les préparent et sans influences diverses qui les mûrissent. La méthode historique est la seule rationnelle quand il s'agit de chercher la genèse d'un système, à moins qu'il ne soit tellement nouveau et tellement un qu'on y voie immédiatement l'empreinte d'un génie unique et tout à fait original. Ce n'est pas le cas du gnosticisme et l'existence de ce fonds, commun à des doctrines diverses sans être exclusivement réclamé par aucune, prouve que cette théosophie n'a pas été créée de toutes pièces et qu'on peut, au contraire, lui trouver des origines historiques et psychologiques.

Où et quand doit-on les chercher? Si, au IIᵉ siècle, les systèmes sont déjà constitués et s'ils ont déjà une si grande renommée, c'est que leur élaboration successive date de loin : « La gnose n'a pas atteint sa maturité en un clin d'œil, et, quand on la voit répandue sur toute la surface de l'Empire romain, divisée en écoles nombreuses, professant des systèmes nettement formulés et parfaits dans leur genre, on est forcé d'admettre qu'elle a déjà passé par une période plus ou moins longue de formation, et de chercher son origine pour le moins au commencement de

(1) Nicolas, *Nouvelle Revue de Théologie,* art. cité, p. 333.

l'ère chrétienne » (1). Mais nous ne pouvons pas nous
attendre à rencontrer au Iᵉʳ siècle des théories aussi nettes,
aussi précises qu'au IIᵉ; la pensée humaine progresse;
les générations, en se succédant, accroissent le patrimoine
intellectuel que leur transmettent les générations précédentes; elles développent ces idées, les étendent, les
généralisent, les formulent. A cette marche naturelle
s'ajoute l'influence du milieu, qui donne une certaine
direction au travail de la pensée, influence et direction
qui sont mises en évidence par le développement parallèle
des systèmes contemporains et qu'on ne peut négliger.
« Le développement de la philosophie, dit M. Ritter,
dépend sous bien des rapports du développement des
autres sciences, de celui du sentiment religieux dans toute
l'humanité, des relations des peuples entre eux... La
philosophie n'est pas moins soumise à l'influence de la
vie intérieure des peuples au sein desquels elle se déve-
loppe, dans la famille, dans l'Etat, dans l'art, à celle enfin
des circonstances où ont vécu les hommes qui ont con-
tribué à son progrès » (2).

Nous serons donc amenés à préciser aussi exactement

(1) Nicolas, *Nouvelle Revue de théologie*, art. cité, p. 326.
(2) H. Ritter, *Histoire de la philosophie ancienne*, introd., p. 10.
On sait combien, dans notre siècle, l'école de Tubingue a insisté sur
cette nécessité de tenir compte de l'évolution naturelle de la pensée ;
aussi Lipsius, dans son article « Gnosticismus » *(Ersch u. Grüber Encyclopædie)*, place-t-il la gnose dans le milieu historique et psychologique où elle est née. Il la regarde comme un produit logique des idées
chrétiennes, qui, d'après lui, en renferment le principe.

que possible les théories fondamentales du gnosticisme, à déterminer le milieu dans lequel elles sont nées, à mesurer l'influence qu'il a pu avoir sur elles, à rechercher les traces de leur développement dans les documents de l'époque, et enfin à découvrir leur véritable source dans les systèmes antérieurs.

PREMIÈRE PARTIE

LES IDÉES GNOSTIQUES PENDANT LE PREMIER SIÈCLE

L'axiome fondamental de tous les systèmes gnostiques peut s'énoncer ainsi : « Le bien réside dans la connaissance. » La gnose, le mot lui-même l'indique, c'est la recherche de la connaissance : tout est là ; le système en entier se déduit logiquement de cette première affirmation (1). Or, parler du *bien*, c'est faire supposer qu'il s'agit d'une théorie morale sur le *bien* et le *mal ;* dire de plus que ce bien nous est donné par la *connaissance*, c'est impliquer qu'à cette théorie morale doivent se joindre des spéculations métaphysiques. C'est là, en effet, le double caractère du gnosticisme.

---

(1) Baur pense, au contraire, que la caractéristique du gnosticisme est le dualisme. Hilgenfeld la voit dans la distinction des deux dieux et la théorie de Démiurge. Lipsius ramène tout à la recherche de la connaissance. (Voir *Ersch u. Grüber, Encyclopædie,* art. cité, p. 234-235.)

2 — F

Examinons d'abord la théorie morale : elle roule tout entière sur la question de l'origine du mal. Dieu, étant le bien absolu, a-t-il pu créer le mal? Evidemment non ; il faut imaginer alors un principe indépendant de Dieu par lequel la force créatrice a été contrariée et même limitée. Ce principe opposé, ce royaume du mal, c'est le monde matériel ; a-t-il entravé l'œuvre de la création en présentant une résistance inerte, ou bien, au contraire, en bouleversant et en troublant un ordre primitif? Sur ce point, les idées diffèrent suivant les systèmes ; mais il y a unanimité dans cette conception fondamentale : la matière est la source et le siège du mal. C'est le dualisme, et au dualisme théorique correspondent nécessairement deux sortes de morale pratique. Si la matière est la source du mal, il faut nous en délivrer et réduire autant que possible les rapports que nous aurons avec elle ; de là, l'ascétisme, et cet ascétisme a été pratiqué avec la plus extrême rigueur par plusieurs sectes. Ou bien, et voici l'autre terme de l'alternative, puisque la matière est par elle-même mauvaise, il n'y a pas à s'occuper du monde sensible : on ne doit songer qu'aux choses supérieures et, pour le reste, suivre les impulsions naturelles. Le principe ascétique donne encore trop d'importance à la matière ; il faut n'avoir pour elle que l'indifférence la plus complète : de là une licence sans frein (1). Comme exemple de l'un de ces extrêmes, l'ascétisme, on peut citer les Encratites ; et, comme exem-

(1) Voir Lightfoot, *St Paul Epistles to the Colossians and Philemon*, p. 78-81.

ple de l'autre, l'immoralité, les Carpocratiens et les Caïnites (1).

En métaphysique, le dualisme entre la matière et l'esprit
se retrouve et donne naissance à la cosmogonie suivante :
si la matière est la source du mal, ce monde ne peut être
que l'œuvre d'un Dieu imparfait ; ce n'est pas une puissance toute intelligente, toute bonne et, par conséquent,
toute spirituelle qui l'a créé ; donc, création du monde par
une divinité inférieure, le *Démiurge*. Entre ce monde et
le principe absolu, le principe du bien par excellence, le
vrai Dieu, une communication directe ne peut s'établir,
puisque l'un est la source du bien et l'autre la source
du mal. Il y a entre eux un certain nombre d'êtres intermédiaires, d'émanations successives, les *éons*, organisés en hiérarchie, réunis par paires ou *syzygies*, et dont
la série descendante ménage la transition entre Dieu et le
monde, entre l'absolu et le relatif (2).

Voilà les idées qui se retrouvent dans tous les systèmes
gnostiques, et, en réalité, elles sont étroitement liées,
puisque c'est toujours le dualisme de l'esprit et de
la matière, de l'esprit par lequel on *connaît*, et de la

(1) Voir Clément d'Alexandrie, *Stromates*, III, p. 428, éd. de Paris,
1641. — Irénée *(Adversus hœreses*, liv. I, XXV) refuse de croire à l'immoralité des Carpocratiens, mais Théodoret *(Hœreticœ fabulœ*, I, 5)
l'affirme. Pour les Caïnites, voir Irénée *(Adversus hœreses*, liv. I, XXI) ;
pour les Encratites, voir *Philosophoumena*, liv. VIII, 20.

(2) Se donnant pour les représentants de la vraie religion révélée,
les gnostiques employaient de plus une exégèse allégorique absolument
arbitraire pour accommoder à leurs théories les données de l'Ancien
Testament et plus tard les discours de Jésus-Christ.

matière obstacle à la connaissance. Connaître les relations des éons, connaître le mécanisme du monde, connaître le mal, voilà le bien suprême, le salut : « Pour eux, connaître est tout, le reste n'est rien » (1). Or, comme tous les hommes ne sont pas capables de cette connaissance supérieure, pour les uns la foi seule suffit, mais ceux-là sont les faibles, les hommes matériels (ὑλικοί, ψυχικοί) : au dessus d'eux sont les hommes spirituels (πνευματικοί). L'orgueil était la conséquence de cette division en castes, laquelle entraînait naturellement aussi des initiations, un enseignement double, ésotérique et exotérique, et des mystères (2).

Le milieu dans lequel ces idées se développèrent leur était particulièrement favorable : nous les trouvons, en effet, en Egypte et dans l'Asie Mineure, deux contrées qui sont regardées à bon droit comme la terre classique des spéculations les plus hardies et des systèmes les plus disparates. Nous en avons une preuve dans le système de Philon d'Alexandrie, dont plusieurs théories ont été, sinon empruntées, du moins imitées par les gnostiques. Plus tard, le néoplatonisme, avec Plotin et Porphyre, suivra une direction parallèle à celle du gnosticisme (3), toujours sous l'impulsion de ce même courant d'idées. C'était la soif des

(1) De Pressensé, ouv. cité, vol. II.

(2) L'orgueil gnostique est resté proverbial. Tertullien raconte qu'ils fronçaient le sourcil d'un air mystérieux en disant de leur doctrine : « Hoc altum est » (Ceci est profond). Néander a qualifié le gnosticisme d'aristocratique.

(3) Realencyclopædie, article « Gnosis ».

spéculations et des vaines recherches sur l'absolu alliée
à un ascétisme souvent très exagéré ou à une immoralité
parfois inouïe. « Certainement l'atmosphère morale et in-
tellectuelle n'était pas défavorable à la croissance d'une
telle plante : la même contrée qui avait produit dans la
philosophie spéculative un Thalès et un Héraclite a vu
se développer, dans une religion populaire, l'adoration
de la Cybèle phrygienne et de la Diane d'Ephèse. Les
spéculations cosmologiques, les théosophies mystiques,
le fanatisme religieux avaient là leur foyer (leur *home*) » (1).
Alexandrie, « ce somptueux carrefour de toutes les
idées du temps, où l'Orient et l'Occident s'amalga-
maient » (2), devait être la patrie de ces philosophies
moitié orientales, moitié occidentales, rêveries inutiles
d'un côté, légalisme purement formaliste de l'autre. C'est
l'influence qui pèse sur tous les systèmes de l'époque
et que chacun a ressentie en quelque mesure. Le résultat
en était que tout ce qui pouvait se prêter à l'une ou à l'autre de ces tendances était développé, augmenté et enfin
formulé dans le langage de l'école. C'est ce qui arriva pour
le gnosticisme, et il faut convenir que nul pays et nulle
époque n'eût été plus propice pour aider à l'apparition,
au développement et à la vogue de pareilles idées.

Aussi de bonne heure sont-elles en faveur. Nous avons
peu de détails sur leur existence au Iᵉʳ siècle, mais nous
en possédons pourtant assez pour juger du crédit dont

(1) Lightfoot, *ouv. cité,* p. 97.
(2) De Pressensé, *ouv. cité,* vol. I, p. 299.

elles jouissaient et de la position qu'occupaient leurs représentants vis à vis des premiers chrétiens. Nous trouvons en effet ces détails dans les livres du Nouveau Testament (1).

Tous les historiens à peu près s'accordent à voir dans ce Simon le Magicien dont nous parle le livre des Actes un des premiers représentants du gnosticisme (2). C'est environ sept ans (3) après l'ascension de Jésus-Christ que Philippe descendit dans une ville de la Samarie et y prêcha le Christ. « Il y avait auparavant dans la ville un homme nommé Simon qui, se donnant pour un personnage important,

(1) Les renseignements que nous donnent les Pères de l'Eglise sont tirés pour la plupart des textes même des apôtres. Nous indiquerons en passant leur opinion, quand elle aura une importance spéciale. Pour ce qui concerne les écrits du Nouveau Testament, nous ne pouvons pas entrer dans la discussion de leur authenticité. Nous ferons seulement observer que les critiques qui se fondent justement sur les textes où il est fait allusion au gnosticisme pour renvoyer la rédaction de ces écrits au II⁰ siècle font une pétition de principe, puisqu'ils supposent *a priori* que les idées gnostiques n'apparaissent pas au I⁰ᵉ siècle ; c'est là précisément ce qu'il faut démontrer. (Voir Hilgenfeld, « Das Gnosticismus und das Neue Testament ». *Zeitschrift für wissenschaftliche Theologie,* 1870.) Nous nous appuyons pour admettre leur authenticité sur des raisons internes, et nous remarquons particulièrement que, si ces écrits étaient l'œuvre de quelque faussaire du II⁰ siècle, les allusions aux théories gnostiques seraient autrement précises et détaillées que ce qu'elles sont, étant donné la place que ces théories occupent alors dans l'Eglise et l'importance que leur accordent les Pères de cette époque.

(2) Irénée l'appelle le père de toutes les hérésies.

(3) Mansel, *The gnostic heresies of the first and second centuries,* p. 79.

exerçait la magie et provoquait l'étonnement du peuple de la Samarie. Tous, depuis le plus petit jusqu'au plus grand, l'écoutaient attentivement et disaient : Celui-ci est la puissance de Dieu, celle qui s'appelle la grande. Ils l'écoutaient attentivement parce qu'il les avait long-temps étonnés par ses actes de magie. Mais, quand ils eurent cru à Philippe, qui leur annonçait les choses concernant le royaume de Dieu et le nom de Jésus-Christ, hommes et femmes se firent baptiser. Simon lui-même crut, et, après avoir été baptisé, il ne quittait plus Philippe, et il voyait avec étonnement les miracles et les grands prodiges qui s'opéraient..... Lorsque Simon vit que le Saint-Esprit était donné par l'imposition des mains des apôtres (Pierre et Jean), il leur offrit de l'argent en disant : Accordez-moi aussi ce pouvoir afin que celui à qui j'impo-serai les mains reçoive le Saint-Esprit. Mais Pierre lui dit : Que ton argent périsse avec toi, puisque tu as cru que le don de Dieu s'acquérait à prix d'argent ! Il n'y a pour toi ni part, ni lot dans cette affaire, car ton cœur n'est pas droit devant Dieu. Repens-toi donc de ta méchanceté, et prie le Seigneur pour que la pensée de ton cœur te soit pardonnée, s'il est possible, car je vois que tu es dans un fiel amer et dans les liens de l'iniquité. Simon répon-dit : Priez vous-mêmes le Seigneur pour moi, afin qu'il ne m'arrive rien de ce que vous avez dit » (1).

Tel est le récit des Actes. Simon y est appelé la grande puissance de Dieu, et, d'après le texte, ἡ δύναμις τοῦ θεοῦ

(1) Actes, VIII.

ἡ καλουμένη μεγάλη, on peut impliquer que le magicien enseignait l'existence de diverses *puissances de Dieu*, lesquelles lui étaient inférieures. Qu'il ait emprunté ces termes à la philosophie alexandrine et à Philon, qu'il ait voulu s'attribuer l'égalité avec Dieu en se posant comme le λόγος, que, par là, il ait été conduit au docétisme, qu'il ait eu l'ambition d'être un messie samaritain, rival du messie juif (1), tout cela ne repose et ne peut reposer que sur des hypothèses, puisque nous manquons de textes certains.

Cependant, les détails abondent sur son histoire; malheureusement, on ne peut leur accorder qu'une confiance très-limitée. Il serait né à Gitten ou Gitta selon les uns (2), à Chypre selon d'autres (3). Il se présentait aux hommes comme le λόγος : « Ego sum sermo Dei, disait-il, ego sum speciosus, ego paracletus, ego omnia Dei » (4). Sa doctrine est d'ailleurs exposée tout au long par Irénée (5). Il aurait, paraît-il, acheté à Tyr une prostituée, Hélène, qu'il traînait partout après lui en disant qu'elle était la première conception (ἔννοια) de sa pensée, la mère de toutes choses; procédant de lui et connaissant les désirs de son père, elle était descendue dans un monde inférieur, y avait produit les *anges* et les *puissances;* mais comme ceux-ci ne voulurent pas lui permettre de retourner auprès de son père, sans cesse en butte à leurs moqueries et

---

(1) Mansel, *ouv. cité*, p. 80 ss.
(2) Justin Martyr, *Apolog.*, ɪ, 26; ɪɪ, 16. *Philosophoumena*, vɪ, 7.
(3) Josèphe, *Antiquit.*, xx, 7, 2.
(4) Saint-Jérôme, *In Matth.*, xxɪv, 5.
(5) Irénée, *Adv. hær.*, I, xxɪɪɪ.

à leurs insultes, elle demeura sur la terre pendant plusieurs siècles, habitant des corps de femme ; ce fut à cause de cette même Hélène que la guerre de Troie fut faite. De vicissitudes en vicissitudes, elle arriva à l'état plus que misérable d'où Simon dut venir lui-même la délivrer ; il apporta en même temps le salut au monde *en se faisant connaître lui-même* (1). Les anges, auteurs du monde, l'avaient, en effet, mal gouverné, à cause de leurs ambitions rivales, et il fallait tout rétablir en les rabaissant à leur vraie place et en les rendant tous égaux. C'est pourquoi il vint semblable à un homme au milieu des hommes, mais pourtant il n'était pas réellement homme, et il souffrit en Judée en apparence sans souffrir en réalité. Il ajoutait encore quelques spéculations sur les prophéties qui, d'après lui, avaient été inspirées par les anges, gouverneurs du monde.

Les *Philosophoumena* (livre VI) lui prêtent aussi un système d'après lequel tout serait sorti du *Feu* ou du *Silence* ; le premier principe aurait produit six *racines* (ῥίζαι), allant deux par deux, qui elles-mêmes auraient produit le monde. Quoi qu'il en soit et quelle que soit la part de vérité contenue dans ces récits, il est certain que Simon a été considéré par tous ces auteurs comme le père du gnosticisme. On trouve en germe chez lui les *syzygies* les éons (Simon et Hélène, νοῦς et ἔννοια), la création du monde par l'intermédiaire d'une puissance inférieure et les spéculations sur les anges. Le détail seul qui est contenu dans les Actes nous indique clairement qu'à cette époque

(1) *Per suam agnitionem.* Irénée, *Adv. hær.*, I, XXIII.

des théories assez accréditées sur les anges ou les *puissances* célestes commençaient à se répandre ; les arts magiques étaient passablement cultivés, comme nous le prouvent aussi les livres de magie brûlés à Ephèse et l'existence d'exorcistes juifs (1).

En somme, des théosophies plus ou moins complètes s'élaboraient et préparaient l'avènement de la grande secte.

Quant à Simon lui-même, la fin de sa vie a été le sujet d'anecdotes légendaires. Justin Martyr, Hégésippe, Arnobe et bien d'autres parlent de lui et placent le lieu de sa mort à Rome où, voulant confondre les apôtres Pierre et Paul devant l'empereur Claude, il aurait été lui-même victime de sa fourberie. Mais plusieurs de ces récits sont probablement apocryphes, témoin celui de Justin Martyr qui prit une statue du dieu *Semo Sancus* pour une statue élevée au magicien de Samarie (2).

Avant la fin du premier siècle, la doctrine ou les doctrines se constituent avec une netteté de plus en plus grande (3), et leurs adeptes deviennent assez

(1) Actes, xix, 13-19.

(2) Voir Mansel, *ouv. cité*, p. 91-94.

(3) Voir aussi, pour les rapports du gnosticisme et du christianisme primitif, Hilgenfeld, *Zeitschrift für wissent. Théol.*, 1870, art. cité. Malheureusement, tout son système pèche par la base, puisqu'il nie *a priori* qu'il y ait eu des gnostiques au Ier siècle. Il soutient d'ailleurs dans cet article la thèse que nous avons mentionnée plus haut, c'est-à-dire que le gnosticisme est un produit du christianisme.

remuants. Les épîtres de saint Paul nous fournissent
des détails précieux sur cette évolution. Nous les trouvons
dans les lettres adressées soit à des Eglises qui étaient
particulièrement en rapport avec l'Orient et Alexandrie,
soit aux communautés mêmes de l'Asie-Mineure.

Corinthe, grâce à son commerce, avait des relations
permanentes avec l'Egypte et pouvait subir facilement
l'influence des idées alexandrines. Dans la première épître
aux Corinthiens, nous trouvons le mot de γνῶσις employé
dans un sens défavorable : ἡ γνῶσις φυσιοῖ, ἡ δέ ἀγάπη οἰκο-
δομεῖ (1). La circonstance dans laquelle ces mots sont
employés nous autorise d'autant plus à y voir une allusion aux hérésies naissantes ; il s'agit des viandes sacri-
fiées aux idoles : est-il permis d'en manger? Or, nous
savons que Simon le Magicien permettait à ses disciples de participer aux sacrifices idolâtres (2).

Il est probable qu'il fondait cette liberté sur la supé-
riorité que donne la connaissance, la γνῶσις ; l'homme qui
possède cette suprême science n'a que faire de semblables
scrupules (3). Le contexte justifie d'ailleurs parfaitement
cette hypothèse : « εἴ τις δοκεῖ ἐγνωκέναι τι, οὔπω ἔγνω

(1) I Cor., viii, l.

(2) Origène, *Contra Celsum*, vi, 11 : καίτοι γε ὑπὲρ τοῦ πλείονας
ὑπαγαγέσθαι ὁ Σίμων τὸν περὶ τοῦ θανάτου κίνδυνον, ὃν χρισ-
τιανοὶ σιρεῖσθαι ἐδιδάχθησαν, περιεῖλε τῶν μαθητῶν ἐνδιαφορεῖν
αὐτοὺς δίδαξας πρὸς τὴν εἰδωλολατρίαν.

(3) Nous avons remarqué plus haut que certains gnostiques se sont
abandonnés à la licence la plus effrénée en s'excusant par un raisonnement analogue.

καθὼς δεῖ γνῶναι · εἰ δέ τις ἀγαπᾷ τὸν θεόν, οὗτος ἔγνωσται ὑπ'
αὐτοῦ » (1). Il y a donc pour saint Paul une γνῶσις imparfaite opposée à une γνῶσις parfaite qui consiste principalement dans l'amour de Dieu (2).

Dans la deuxième épître aux Corinthiens, l'apôtre renven-
dique pour lui une certaine connaissance dont il dit qu'il n'est
pas privé. εἰ δέ καὶ ἰδιώτης τῷ λόγῳ, ἀλλ' οὐ τῇ γνώσει (3).
On s'explique très bien cette revendication, si Paul a
parmi ses adversaires des hommes réclamant pour eux
une connaissance supérieure qu'ils accusaient l'apôtre de
ne pas posséder.

De ces allusions plus ou moins éloignées, passons à des
indications plus précises (4). Nous les trouvons dans les
épîtres aux Ephésiens, aux Colossiens, à Timothée et à
Tite.

Que l'épître qui porte le nom d'épître aux Ephésiens
ait été adressée en réalité aux chrétiens d'Ephèse ou à ceux

____

(1) I Cor., viii, 2-3.

(2) Irénée, commentant ce texte, l'applique directement aux gnostiques : « Paulus clamavit : Scientia inflat, caritas autem ædificat,
non quia veram scientian de Deo culparet, sed quia sciebat quosdam
sub occasione scientiæ elatos occidere a dilectione Dei, et ob hoc ·
opinari seipsos esse perfectos, imperfectum autem Demiurgum intro-
ducentes. » Irénée, Adv. hær., II, xxvi. Irénée admettait donc l'existence d'une secte gnostique dans l'Eglise de Corinthe.]

(3) II Cor., xi, 6.

(4) Nous ne nous arrêtons pas à l'épître aux Romains : on a voulu
voir des gnostiques dans les faux docteurs de xvi, 17-16 ; mais le texte
est trop vague pour qu'on puisse en tirer quelques conclusions déci-
sives. Voir Mansel, ouv. cité, p. 51.

de Laodicée, ou qu'elle ait été une lettre circulaire, peu nous importe pour notre sujet, car il est un fait toujours incontestable, c'est qu'elle était destinée à des lecteurs asiatiques. Or, ici nous sommes dans la patrie par excellence des spéculations métaphysiques, et le terrain était plus que favorable pour le développement de la théosophie gnostique : on était enclin à accepter ce genre de théories, et la tournure générale de l'esprit se prêtait aisément à toutes ces nuageuses et mystérieuses innovations. C'est à Ephèse, en effet, que furent brûlés les livres de magie, et, puisque la somme ainsi sacrifiée équivalait à cinquante mille pièces d'argent, on peut supposer que ces ouvrages étaient assez nombreux, ou, au contraire, rares, mais alors très appréciés. C'est à Ephèse aussi que les exorcistes juifs se livraient à l'exercice de leur profession (1). Il y avait donc des magiciens dans le genre sans doute de Simon, et les allusions que fait saint Paul à leur enseignement ne nous laissent guère d'incertitude sur ce qu'ils devaient être. Quand il prie Dieu que les Ephésiens comprennent l'amour de Christ qui surpasse toute intelligence, γνῶναι τὴν ὑπερβάλλουσαν τῆς γνώσεως ἀγάπην τοῦ Χριστοῦ (2), il semble avoir une intention analogue à celle de I Corinthiens, viii, 6 : « La connaissance enfle, mais l'amour édifie. » Ces communautés (3) devaient être travaillées par un désir de connaissance très entretenu par de faux docteurs; leur horizon leur paraissait trop

(1) Actes, xix.
(2) Ephésiens, iii, 19.
(3) Voir d'ailleurs, pour les hérétiques d'Ephèse, p. 35.

borné et elles aspiraient à quelque science supérieure des choses. Or, nous avons vu que c'est précisément ce désir de connaître qui est la base de tous les systèmes gnostiques (1).

L'épître aux Colossiens, écrite en même temps que celle aux Ephésiens, est encore plus explicite. D'abord nous sommes certains, cette fois, qu'il y a de faux docteurs dans la communauté, et, d'après le langage de l'apôtre, voici les idées qu'on peut leur attribuer : se décorant du nom pompeux de philosophes, ils prétendaient posséder une connaissance supérieure des choses spirituelles, connaissance que le simple enseignement évangélique ne pouvait donner ; ils croyaient que le monde était l'œuvre d'un dieu inférieur ; ils s'attribuaient de plus la faculté de contempler le monde invisible et ils se livraient à des spéculations sur les diverses classes d'anges et sur l'adoration qu'on leur devait. Enfin, ils pratiquaient un ascétisme exagéré qui fait supposer qu'ils regardaient la matière comme la source du mal. Tous ces caractères se déduisent aisément de la polémique de l'épître (2), et nous avons à peine besoin d'indiquer combien ils se rapprochent de ce que pouvait être le gnosticisme à cette époque : le désir de la

(1) Quant aux textes où le mot πληρώμα est employé, nous ne chercherons pas y voir des allusions au gnosticisme, car la chronologie du langage gnostique est trop obscure pour nous permettre d'affirmer que Paul s'est servi ici d'un terme gnostique et que, au contraire, ce ne sont pas les faux docteurs qui ont plus tard fait des emprunts à la langue du Nouveau Testament.

(2) Col., ı, 12-20 ; ıı, 3, 4, 8, 16-23.

connaissance, la création du monde par un intermédiaire inférieur à Dieu, les théories sur les anges ; les macérations et les défenses nous amènent à voir dans ces faux docteurs des précurseurs de Valentin et de Basilide (1).

Dans les épîtres à Timothée et à Tite, nous recueillons encore quelques mots qui signalent l'existence de ces doctrines à Ephèse et à Crète. Quant Paul parle de « ces généalogies sans fin qui produisent des discussions plutôt qu'elles n'avancent l'œuvre de Dieu dans la foi, (γενεαλογίαις ἀπεράντοις, αἵτινες ἐκζητήσεις παρέχουσιν μᾶλλον ἢ οἰκονομιαν θεοῦ τὴν ἐν πίστει) (2), il s'agit probablement des discussions interminables sur la hiérarchie et les classes des anges.

Puis, plus loin, la ψευδώνυμος γνῶσις (3), qui dispute sans doute encore sur ces généalogies, semble indiquer le gnosticisme dans sa forme élémentaire, mais assez accrédité déjà pour s'attribuer avec ostentation ce nom de γνῶσις qui restera sa désignation définitive (4).

---

(1) Nous renvoyons à la remarque faite plus haut pour l'argument qu'on pourrait tirer de l'emploi du terme πλήρωμα dans Colossiens, ι, 19 et ιι, 9.

(2) 1 Tim., ι, 4.

(3) I Tim., vι, 20.

(4) M. Mansel (ouv. cité, p. 57) s'efforce de prouver que Hyménée et Philète (II Tim., ιι, 16-18) sont des gnostiques, et que cette foi à une résurrection déjà arrivée est une conséquence de la théorie sur l'origine du mal ; la résurrection, purement apparente d'ailleurs, de Christ, serait un symbole de notre propre résurrection, c'est-à-dire de notre passage d'un état inférieur à un état supérieur ; cet état supérieur, c'est la connaissance ; quand nous la possédons, nous sommes vraiment ressuscités. C'était l'opinion de Carpocrate (Irénée, Adv. hær., II, xxxι).

Quelques critiques ont aussi appliqué I Timothée, iv, 1-5 ; II Timothée, iii, 1-10 ; II Pierre, ii, 1-4, aux gnostiques. Clément d'Alexandrie (1) et Tertullien (2) ont vu expressément la réalisation de cette prophétie dans les systèmes gnostiques du IIe siècle (3).

Les hérétiques de l'épître de Jude (4) et les Nicolaïtes de l'Apocalypse (5) pourraient bien se rapprocher aussi des gnostiques. De même encore, dans Apocalypse, ii, 24, ces « profondeurs de Satan » qu'on ne peut sonder ($\tau\grave{\alpha}$ $\beta\alpha\theta\acute{\epsilon}\alpha$ $\tau o\tilde{u}$ $\sigma\alpha\tau\alpha\nu\tilde{\alpha}$) font penser involontairement au gnosticisme dont aucune expression, d'après M. Ritter (6), ne pouvait mieux au point de vue chrétien désigner le caractère (7).

L'évangile de Jean est, d'après le témoignage catégorique d'Irénée, dirigé contre l'hérésie de Cérinthe (8). Ce Cérinthe, dans lequel on s'accorde à reconnaître un gnostique, enseignait que le monde n'avait pas été créé par le Dieu suprême, mais par une puissance distincte, « et qui ne connaît pas Dieu. Jésus n'est pas né d'une vierge, mais

Cela se concilierait d'ailleurs assez bien avec l'exégèse allégorique des gnostiques à laquelle semble faire allusion II Pierre, iii, 16.

(1) Clément d'Alexandrie, *ouv. cité*, iii, p. 447.

(2) Tertullien, *De Præscr. Hær.*, c. 33.

(3) Voir Mansel, *ouv. cité*, p. 65.

(4) Jude, 4.

(5) Apoc., ii, 6, 14-15.

(6) Ritter, *ouv. cité*, t. I, p, 98, 99.

(7) Nous renvoyons encore, pour l'emploi du mot $\alpha\grave{\iota}\tilde{\omega}\nu$ dans certains textes du Nouveau Testament, à la remarque faite à propos de $\pi\lambda\eta\rho\acute{\omega}\mu\alpha$, page, 34, note 1.

(8) Irénée, *Adv. hær.*, III, 11.

il est le fils de Joseph et de Marie, et sa naissance a été
en tout semblable à celle des autres hommes ; seulement,
il fut ensuite plus juste et plus sage. Après son baptême,
le Christ vint sur lui sous la forme d'une colombe, et il
annonça alors son père qu'auparavant on ne connaissait
pas : à la fin de son ministère, Christ se sépara de Jésus ;
Jésus souffrit et ressuscita, mais Christ fut à l'abri de
toute souffrance, puisqu'il était spirituel » (1).

Le prologue du quatrième évangile semble bien avoir été
écrit pour réfuter ces erreurs, témoin le texte : « Toutes
choses ont été faites par la Parole et rien de ce qui a été fait
n'a été fait sans elle » (2). Celui-ci : « La Parole a été faite
chair » (3), serait opposé à l'idée que Jésus et le Christ
étaient deux êtres séparés, unis seulement pour un temps.

Irénée (4) déclare que Cérinthe a été un contemporain de
saint Jean. Quoique professant en Asie, il avait dû em-
prunter quelques-unes de ses idées à Philon, notamment
sa conception du λόγος créateur ; ce mot de λόγος, employé par saint Jean sans doute dans un sens polémique,
s'adresse aussi bien à Philon qu'à Cérinthe.

Les épîtres de Jean paraissent viser une autre théorie
gnostique, le docétisme (5), quand elles parlent de Jésus
manifesté en chair ; ou encore l'hérésie de Cérinthe,

---

(1) *Philosophoumena*. vii, 32. Irénée, *Adv. hær.*, I, xxvi.
(2) Jean, i, 3.
(3) Jean, i, 14.
(4) Irénée, iii, 3.
(5) Jésus-Christ n'aurait eu, d'après les docètes, qu'un corps apparent.

puisque Cérinthe niait l'indentité parfaite de Jésus et du Christ (1).

Telles sont les indications que nous donnent les livres du Nouveau Testament ; on peut en inférer qu'il existait au Iᵉʳ siècle une ou plusieurs théories se rapprochant beaucoup de celles qui devinrent plus tard le gnosticisme ; le désir de connaître commençait à se faire sentir ; les spéculations sur les êtres intermédiaires, le dualisme entre la matière et l'esprit, l'ascétisme qui en est la conséquence, la croyance en un Dieu suprême distinct du créateur et du dieu des Juifs, toutes ces idées se répandaient et avaient suffisamment de crédit. Dans les épîtres aux Colossiens et les Pastorales, ce ne sont même déjà plus des penseurs, des théosophes philosophant pour eux-mêmes qui les formulent, ce sont des sectaires turbulents et dont la propagande préoccupe sérieusement l'apôtre : la fausse doctrine avait un certain retentissement et réussissait à se concilier des partisans. On peut donc en conjecturer que ce ne sont pas précisément des nouveautés qui viennent de naître. Nous constatons leur existence, mais nous ne saisissons pas leur origine : il faut remonter plus haut. Cet examen des textes du Nouveau Testament nous a confirmé dans l'opinion que la gnose s'est formée lentement, s'est élaborée peu à peu, a suivi le courant naturel des idées du temps ; nous avons pu reconnaître les divers degrés de cette évolution.

(1) Voir, pour l'hérésie de Cérinthe, Mansel, *ouv. cité*, p. 74-78 ; Lightfoot, *ouv. cité*, p. 107-113,

Mais, même abstraction faite de cette circonstance que les idées gnostiques paraissent remonter plus haut que les temps apostoliques, puisqu'elles ont déjà des représentants si ardents (1), peut-on trouver dans le christianisme les germes du gnosticisme ? Les principes chrétiens sont-ils conciliables avec les principes gnostiques ? Prenons les trois grandes idées du gnosticisme, la connaissance, l'origine du mal et la cosmogonie, en d'autres termes, le principe formel et le principe matériel de la nouvelle théosophie : ces principes sont-ils ceux du christianisme ?

Evidemment, saint Paul recommande souvent la recherche de la connaissance, mais il n'en a jamais fait le fondement de sa prédication, puisque toute sa théologie s'appuie sur la justification par la foi. D'ailleurs, la connaissance qu'il approuve n'a rien de commun avec les vaines recherches des faux docteurs : c'est la connaissance de Dieu et de l'amour de Christ (2).

Le dualisme ne se trouve pas davantage dans les doctrines chrétiennes, puisque l'origine du mal est dans la volonté mauvaise et dans la rébellion de l'homme contre Dieu.

Enfin les spéculations métaphysiques sur l'origine du monde et sur la création par des êtres intermédiaires inférieurs à Dieu est en contradiction avec la théorie évangélique exposée dans le prologue du quatrième évangile

(1) D'ailleurs, Simon le Magicien a bien précédé aussi à l'apparition du christianisme. (Voir Lightfoot, ouv. cité, p. 80.)

(2) Eph., iii, 19.

ou avec l'enseignement de saint Paul développé dans Colossiens, i, 12-20.

D'ailleurs, l'attitude que prennent les apôtres vis à vis des docteurs qui professent les idées gnostiques est très significative, puisqu'elle est constamment hostile.

Simon le Magicien n'est au fond qu'un vulgaire ambitieux ; ayant une foi complète dans la théurgie, il n'avait vu dans le christianisme qu'une théosophie de même nature que celle qu'il enseignait lui-même, et, en réalité, son apparente profession de chrétien n'avait d'autre but que celui d'acquérir les pouvoirs miraculeux des apôtres. Plus tard, si nous donnons quelque crédit aux légendes rappelées plus haut, il devint ouvertement l'ennemi du christianisme ; or, comme il est difficile d'admettre qu'on ait formé tout d'une pièce la biographie de cet homme singulier sans qu'il y eût le moindre fonds de vérité, il est probable que quelque fait authentique a servi de thème primitif à de larges amplifications. Quoi qu'il en soit, même dans le récit des Actes, la position qu'il prend vis à vis du christianisme montre suffisamment qu'il n'en a pas pénétré le véritable esprit et qu'il ne peut revendiquer le nom de chrétien.

Toute la polémique de saint Paul et de saint Jean contre la fausse connaissance, l'ascétisme outré, les spéculations inutiles, indique un antagonisme profond entre la nouvelle doctrine et la religion chrétienne ; et, non seulement ces erreurs sont opposées au principe chrétien, mais encore elles viennent du dehors et ne sont pas des déviations intérieures de ce principe. « Ceux des apôtres qui eurent occasion de se prononcer contre le gnosticisme le regardent, non comme une erreur née dans le sein de l'Eglise, mais comme une philosophie étrangère qui porte le trouble au milieu des fidèles en cherchant à les gagner à elle et à les détourner de la foi... Ce sont des théosophes qui ont trouvé dans la foi chrétienne quelques rapports lointains avec avec leurs propres idées, et qui, accommodant leur langage aux croyances chrétiennes, se prétendent les véritables interprètes de la doctrine du Maître, et c'est là un des caractères les plus marqués du gnosticisme » (1).

Saint Jean, il est vrai, dans sa première épître (ii, 9), parlant des hommes qui nient le Père et le Fils et dans lesquels il serait difficile de ne pas reconnaître des gnostiques, les représente comme des membres infidèles de l'Eglise. Mais dans ces paroles rien ne prouve que ces hommes fussent les *auteurs* des erreurs qui leur sont attribuées ; ils avaient pu, pendant qu'ils faisaient partie de l'Eglise, être séduits par une doctrine étrangère ; peut-être encore ne s'étaient-ils joints aux chrétiens que pour répandre plus facilement parmi eux des opinions qui leur étaient particulières (2).

On peut donc conclure que le gnosticisme a été considéré par les apôtres comme opposé au principe chrétien. Que les gnostiques aient désiré se faire passer pour chrétiens afin de séduire la multitude, c'est très possible, mais leur christianisme ne devait pas être de meilleur aloi que

---

(1) Nicolas, *Nouvelle Revue de théologie*, art. cité, p. 329-330.
(2) *Ibid.*, p. 331.

celui de Simon le Magicien. N'est-ce pas d'ailleurs la tac-
tique de toute hérésie de prétendre à la possession de la
véritable doctrine et de ne garder pour les autres que du
dédain?

Si donc le gnosticisme n'est pas né du christianisme, s'il
lui est antérieur, recherchons plus haut sa vraie source.

DEUXIÈME PARTIE

LES IDÉES GNOSTIQUES AVANT LE PREMIER SIÈCLE

Si nous considérons ce qu'était, dans le siècle qui précéda l'ère chrétienne, le milieu où le gnosticisme se développa, c'est-à-dire l'Asie Mineure et l'Egypte, nous nous trouvons en présence de trois tendances différentes, la tendance grecque, la tendance orientale et la tendance juive. Alexandrie surtout est le centre où elles se rencontrent et se mêlent en produisant des systèmes qui portent la trace de cette triple influence.

Le paganisme grec y est représenté par le platonisme et le pythagorisme, mais bien dénaturés et dont la courte restauration dans les écoles néoplatoniciennes et néopythagoriciennes ne sera que l'éclat affaibli et passager d'une lampe qui s'éteint; on s'efforce de revenir à eux, de faire revivre leurs théories, mais une influence plus forte s'exerce invinciblement sur les esprits, et la forme grecque ne fait que recouvrir une pensée orientale.

Les idées mazdéennes et bouddhistes apparaissent en
effet et leur faveur s'accroît rapidement. Au delà des systèmes grecs, on recherche une philosophie plus ancienne
dont ceux-ci n'étaient qu'un écho plus ou moins lointain ;
Platon et Pythagore ne sont regardés que comme les
disciples de la sagesse orientale. Faut-il voir l'origine de
cette préférence dans la tournée que firent, dit-on, en
Egypte des missionnaires bouddhistes ? Faut-il simplement
admettre que le grand commerce auquel se livraient les
Alexandrins en les faisant entrer en rapports avec l'Orient
facilita l'importation de ces nouvelles théories ? C'est
l'hypothèse la plus probable ; dans tous les cas, ces relations permanentes durent favoriser cet échange d'idées et
introduire auprès du paganisme grec si vieilli et surtout
si analysé, si creusé, si usé, des spéculations aussi an-
ciennes sans doute, mais ayant pour elles l'attrait de
l'inconnu et de la nouveauté. Quoi qu'il en soit, elles furent
vite en vogue : leur mysticisme plaisait à ces esprits dé-
goûtés du doute universel qui fut la fin dernière de la
philosophie grecque. « Quand le vide qui se faisait peu à
peu dans les sentiments, les croyances et les idées fut devenu tel qu'il ne resta plus rien à l'âme, il s'opéra une
profonde réaction dans les esprits et l'on vit s'élever un
besoin de plus en plus grand de croyance » (1). De l'Orient
arrivèrent des systèmes tout faits, tout nouveaux, qui
pouvaient prêter largement à la spéculation philosophique,

(1) Nicolas, *Introduction à l'histoire de la philosophie*, t. II, p. 229.
(Voir p. 220-241.)

on les accueillit avec empressement et on leur donna vo-
lontiers droit de cité à côté des systèmes grecs, dont la
défaveur allait croissant.

Mais ce besoin de croyance devait trouver ailleurs encore
sa satisfaction, et il semble que dans cette ville unique les
trois grandes philosophies de l'antiquité devaient se rencontrer pour y mourir ensemble et pour léguer en mourant
ce qu'elles avaient eu de bon, de durable, de divin à la
grande philosophie nouvelle, le christianisme, qui allait
élever sur leurs ruines la brillante école d'Alexandrie.

Les Juifs, venus à Alexandrie pour y faire le commerce,
entrèrent de plus en relations avec les Grecs et les Orien-
taux : la langue grecque leur devint d'un usage courant,
la version des Septante mit la connaissance de la loi à la
portée des païens ou même des israélites ignorants parfois de leur propre langue (1). Les traditions nationales
n'étaient pas abandonnées, mais l'exclusivisme perdait un
peu de sa rigueur, aussi bien dans le domaine de la pensée
que dans celui de la vie pratique ; il était pourtant sau-
vegardé en apparence, car « tous les Juifs qui acquirent
quelque connaissance de la littérature et de la philosophie
des Grecs, non-seulement à Alexandrie, mais encore dans
tout autre milieu où dominait la population grecque,
n'eurent, à partir de ce moment, d'autre pensée, ne se
proposèrent d'autre but, que d'affirmer, que de prouver,
bien entendu à leur manière, que la culture des Grecs

(1) Voir Nicolas, *Des doctrines religieuses des Juifs pendant les deux siècles antérieurs à l'ère chrétienne*, p. 109.

tout entière, en particulier que leur philosophie dérivait
uniquement des livres saints de la famille d'Israël » (1).
Quoi qu'il en soit, le judaïsme ne se déroba pas aux influences étrangères, et il est juste de remarquer qu'il
exerça aussi la sienne, en faisant plus ou moins prévaloir
sés idées, ses croyances et ses traditions (2).

Telles sont les trois tendances que l'on trouve à
Alexandrie quelques années avant l'ère chrétienne, tendances bien diverses qui proviennent de pays et de peuples
bien différents et qui vont s'unir toutefois et produire
deux systèmes principaux, le philonisme et le gnosticisme.
Philon, en effet, a subi cette triple influence ; il fut juif de
naissance et de conviction (il voulait prouver que Platon
était un disciple des patriarches), platonicien par goût et
surtout par la forme qu'il donna à sa pensée, si bien qu'on
disait : « Aut Philo platonizat aut Plato philonizat »,
oriental par les idées (3). On l'a regardé quelquefois
comme un des précurseurs du gnosticisme (4). C'est à
tort, car, si son système contient des idées analogues aux
idées gnostiques, c'est qu'elles sont puisées aux mêmes

(1) Nicolas, « Etudes sur Philon d'Alexandrie » (Revue de l'histoire
des Religions, 1882, mai-juin, p. 320.)
(2) Notre examen porte sur tout le judaïsme, sans distinction du
judaïsme palestinien, du judaïsme alexandrin et même des sectes.
Nous verrons plus tard s'il y a lieu d'établir des différences entre les
diverses fractions d'un même peuple, et s'il y a à côté des traditions
mosaïques des idées nouvelles dues à des influences étrangères.
(3) Voir Ritter, ouv. cité, t. IV, p. 341 ; Franck, la Kabbale,
p. 293.
(4) Néander, cité par Baur, Die Christliche Gnosis, p. 12.

sources : les deux théosophies se développèrent parallèle-
ment.

En recherchant maintenant leur commune origine, nous
conserverons la division que nous avons adoptée, et nous
considèrerons d'abord le principe formel, puis le principe
matériel.

I

Le principe formel

Le principe formel du gnocticisme consiste dans le besoin
de spéculation et le désir de la connaissance, et entraîne
avec lui deux conséquences inévitables, la division en
castes (car la connaissance ne peut pas être le partage de
tous) et l'exégèse allégorique (car il faut trouver dans les
récits et les mythes nationaux et populaires le point de
départ de la spéculation philosophique). Ce principe, pour
un système tel que le gnosticisme, est plutôt une tendance
générale qu'un point de doctrine spécial : il dénote l'état
des esprits au moment où cette philosophie s'est formée
et une certaine obscurité règne sur son origine. Ce sera

plutôt une résultante des influences diverses qui s'exer-
çaient alors, qu'une direction unique et particulière à
telle ou telle philosophie et à tel ou tel peuple.

Il est certain qu'il ne faut pas chercher dans le platonisme la théorie de la connaissance telle que l'entendent
les gnostiques : le nom est le même, mais la chose diffère
complètement. A la fin du cinquième livre de la *République* Platon distingue entre la connaissance γνῶσις, et
l'opinion δόξα ; l'une a pour objet la réalité des choses et
l'autre l'apparence. En rapprochant de cette distinction la
fameuse théorie des Idées, nous pouvons conclure que la
γνῶσις est la connaissance du monde intelligible et la δόξα
celle du monde sensible. « L'Idée est le principe de la connaissance. Connaître, c'est apercevoir l'unité dans la variété même, c'est ramener les phénomènes aux lois, les
lois moins générales aux lois plus générales, les lois les
plus générales aux réalités universelles et éternelles dont
elles ne sont que l'expression. Connaître, c'est voir toutes
choses dans leur unité, dans leur pureté, dans leur perfection, dans leur Idée » (1). Au premier abord, cette connaissance semble bien analogue à celle des gnostiques :
elle a pour objet un monde suprasensible et s'ob-
tient en détachant ses regards des grossières apparen-
ces qui nous environnent. Seulement ce qui éta-
blit entre les deux théories une différence capitale,
c'est que pour le philosophe grec la connaissance

(1) Alfred Fouillée, *Histoire de la philosophie*, p. 91.

est entièrement discursive. « Platon, distinguant la connaissance de l'opinion, c'est-à-dire de la connaissance
ordinaire et commune qui ne cherche pas à s'appuyer sur
des raisons ni à se rendre compte d'elle-même, la pré-
senta, à l'exemple de Socrate, comme le savoir raisonné,
le savoir qui se sait lui-même et peut expliquer pourquoi
et comment il est le savoir. Mais il montra en même temps
que cette connaissance raisonnée n'est qu'une transformation de la connaissance non raisonnée, transformation
opérée par la raison, qui, s'efforçant de s'assurer de
son propre savoir, le soumet à une analyse dialectique. La
science est ainsi une tendance à remonter sans cesse des
faits à leurs causes, des idées inférieures aux idées supérieures... » (1). Les gnostiques n'entendaient pas la connaissance de cette manière, et, la regardant comme un don,
une révélation, une illumination, ils n'étaient, en somme,
que les jouets de leur imagination et de leur sentiment.

La spéculation étant soumise, pour Platon, aux règles de
la dialectique, un enseignement double, exotérique et ésotérique, ne devait pas trouver place dans son système. Les
enseignements secrets sont, en effet, la conséquence des
théories fondées sur l'illumination, mais non d'un savoir
purement humain. Platon, en effet, n'a eu qu'une seule
doctrine, parfaitement accessible à tous et que nous possédons tout entière dans ses divers ouvrages (2).

(1) Nicolas, *Introd. à l'histoire de la philosophie*, t. II, p. 195, 196.
(2) Cette opinion a été contestée à cause de certains passages des
Lettres de Platon qui semblent faire allusion à une doctrine secrète ;
seulement, ces lettres sont apocryphes, et on ne peut pas tenir compte

La seconde conséquence, l'interprétation allégorique,
« qui est un des meilleurs moyens de mettre les idées et
les récits des superstitions populaires d'accord avec les
conceptions philosophiques » (1), se rencontre un peu
chez Platon, mais surtout chez les stoïciens ; et principalement quand les divers panthéons se furent mélangés,
cette interprétation devint d'un usage commun pour ramener à l'unité cette variété infinie de puissances supérieures et pour considérer les spéculations sur les dieux
d'Hésiode aussi bien que celles sur Mithra ou Isis, comme
les enveloppes diverses d'une seule et même idée. A ce
point de vue, l'exégèse allégorique n'est pas étrangère au
paganisme grec.

des renseignements qu'elles renferment. Mais il y a, en outre, une
citation d'Aristote qui parle, dans sa *Physique* (liv. IV, ch. II, p. 209),
d'opinions non écrites de Platon : ἐν τοῖς λεγομένοις ἀγράφοις
δόγμασιν, dit-il. Sont-ce des doctrines secrètes? C'est possible ; seulement, il est plus probable que ce sont des idées exposées oralement
et non développées dans ses Dialogues, parce qu'elles étaient de peu
d'importance. En lisant les Dialogues qui sont parvenus jusqu'à nous,
on se demande ce que Platon a pu cacher, ce qu'il avait encore à dire.

Dans le pythagorisme, au contraire, il y avait des divisions en castes
et des initiations pour passer d'une caste à une autre. Il devait certainement y exister une doctrine secrète. (Pour toute cette question, voir
Ritter, *ouv. cité*, t. II, p. 140, et le *Dictionnaire des sciences philosophiques*, article « Esotérique », p. 466.

Nous trouvons aussi ces initiations et ces mystères dans les superstitions populaires, les mystères orphiques, les mystères d'Eleusis, etc.
Seulement, on peut difficilement mesurer l'influence que ces religions du vulgaire ont eu sur le gnosticisme, théosophie surtout aristocratique.

(1) *Ersch u. Grüber Encyclopædie*, art. cité, p. 236.

Si de l'Occident nous passons à l'Orient, nous nous trouvons en présence d'une tendance spéculative bien plus définie. Le bouddhisme et le mazdéisme sont restés les types par excellence des religions mystiques : les recherches sans fin sur l'absolu, sur l'essence des êtres, sur la création et la cosmogonie tiennent une grande place dans leur philosophie religieuse ; nous y trouvons de plus l'idée très nettement exprimée des révélations surnaturelles. Les brahmanes et Cakya-Mouni dans l'Inde, aussi bien que Zoroastre en Perse, se présentent comme les interprètes de la Divinité avec laquelle ils sont en communication directe.

Les initiations et les mystères se retrouvent également dans ces systèmes; les castes y sont rigoureusement délimitées, surtout dans le brahmanisme où les prêtres forment une aristocratie héréditaire d'institution divine et marquée d'un caractère indélébile.

Quant à l'interprétation allégorique, elle fut aussi en usage dans les colléges de Brahmanes afin de mettre en accord les vieilles traditions aryennes avec une théologie nouvelle et de transformer les anciens dieux secondaires en autant de manifestations ou d'attributs différents du Dieu unique : le panthéisme remplaçait le polythéisme(1).

Examinons, en troisième lieu, les tendances juives. Le judaïsme de cette époque ne laissait pas d'avoir dans son sein quelques efforts vers la spéculation. Le système de

(1) Voir Lenormant, *Manuel d'histoire ancienne de l'Orient*, t. III, p. 561.

Philon nous prouverait, à lui seul, qu'on acceptait assez bien ce genre de recherches. Jésus, fils de Sirach, faisait sans doute aussi allusion à des spéculations mystiques quand il recommandait à ses lecteurs de ne pas rechercher avec trop de curiosité les choses cachées, inutiles à la bonne direction de la vie, et de s'attacher principalement aux révélations bibliques qui sont déjà assez difficiles et au-dessus de l'intelligence du commun des hommes (1). Nous avons d'ailleurs trois manisfestations irrécusables de ce besoin spéculatif : la kabbale, la théosophie essénienne et le dosthanisme.

Quel que soit le peu de crédit qu'on donne aux légendes qui voudraient faire remonter la kabbale à une très haute antiquité, on doit cependant admettre qu'au IIe siècle avant notre ère, l'école kabbalistique commençait à se constituer sérieusement. Or, il est certain que ce fait dénote une tendance réelle à la spéculation : « Les kabbalistes, dit M. Franck, n'ont obéi qu'à l'impulsion de leur propre intelligence : les idées qu'ils ont introduites dans les livres saints, pour se donner ensuite l'apparence de les y avoir trouvées, leur appartiennent entièrement » (2). Et d'un autre côté ces spéculations n'ont d'autre fondement que l'intuition : « Les partisans enthousiastes de la kabbale la font descendre du ciel, apportée par des anges, pour enseigner au premier homme, après sa désobéissance, le moyen de reconquérir sa noblese

(1) Eccl., III, 21 et 22.
(2) Franck, *la Kabbale*, introd., p. 48.

et sa félicité premières » (1). Voilà la direction générale définie, nous verrons plus loin si dans les idées elles-mêmes il y a quelque analogie à remarquer.

A côté de la kabbale nous avons nommé la théosophie essénienne : ce qu'elle était au juste, il serait difficile de le savoir ; nous connaissons leur opinion sur quelques points spéciaux : l'ensemble de la doctrine ne nous a pas été transmis. Les seuls renseignements que nous ayons se trouvent dans Philon et Josèphe, et, d'après certaines phrases de ces auteurs, nous pouvons conclure que les esséniens se livraient à des spéculations sur l'origine du mal, les anges, etc... (2).

Enfin une troisième secte, le dosthanisme, existait en Samarie : nous avons dit que Simon le Magicien était de Gitta, suivant quelques auteurs (3) ; c'est en tous cas dans la Samarie qu'il exerçait la théurgie. Ménandre, son disciple, était Samaritain comme lui. Or, d'après la *Chronique samaritaine* et le témoignage de deux historiens arabes, une secte de dosithéens existait en Samarie bien avant l'ère chrétienne. Ils s'occupaient de théories sur l'essence de Dieu, qu'ils disaient être ἄγνωστος et ἄῤῥητος ; les anges étaient aussi les objets de leur recherches. Ici encore nous constatons sur le sol palestinien un besoin de spéculation très déterminé.

Le principe amenait sa conséquence : l'enseignement

---

(1) Franck, *ouv. cité*, p. 51.
(2) Voir Hilgenfeld, *Die judische Apokalyptik*, p. 272.
(3) Nicolas, *Nouvelle Revue de Théologie*, 1861, p. 72.

secret et les initiations se retrouvent dans ces trois théosophies. Chez les kabbalistes, la science suprême est entourée
du plus grand mystère : les Juifs n'ignoraient pas l'existence de cette redoutable connaissance, mais ils n'osaient
en approcher. On trouve dans la Mishna ce passage remarquable : « Il est défendu d'expliquer à deux personnes
l'histoire de la Genèse, même à une seule, l'histoire de la
la Merkabah ou du Char-Céleste. Si cependant c'est un
homme sage et intelligent par lui-même, il est permis de
lui en confier les sommaires des chapitres » (1). Voici un
autre passage où le même fait nous apparaît d'une manière non moins évidente : « Rabbi Jochanan dit un jour
à rabbi Eliézer : Viens que je t'enseigne l'histoire de la
Merkabah. Alors ce dernier répondit : Je ne suis pas encore
assez vieux pour cela. Quand il fut devenu vieux, rabbi
Jochanan mourut et quelque temps après, rabbi Assi étant
venu lui dire à son tour : Viens que je t'enseigne l'histoire
de la Merkabah ; il répliqua : Si je m'en étais cru digne,
je l'aurai déjà apprise de rabbi Jochanan, ton maître » (2).
On voit donc que, pour être initié à cette science mysté-
rieuse de la Merkabah, il ne suffisait pas de se distinguer
par l'intelligence ou par une éminente position, il fallait
encore avoir atteint un âge assez avancé, et même quand
on remplissait cette condition on ne se croyait pas toujours

(1) Traité de Chagiga, 2e proposition, cité par Franck, *ouv. cité*,
p. 53.

(2) Traité de Chagiga, Guémara de la 2e proposition, cité par Franck,
ouv. cité, p. 56,

assez sûr ou de son intelligence ou de sa force morale pour accepter le poids de ces secrets redoutés.

L'essénisme avait également sa doctrine esotérique. Cette secte formait une société secrète en ce sens que ses principes étaient cachés aux profanes qui étaient également exclus de ses cérémonies. Les adeptes n'étaient initiés qu'après un double noviciat. Ils ne passaient dans les grades supérieurs que lentement et dans la mesure de de leur piété et de leurs connaissances. Ils s'engageaient par un serment solennel à ne faire connaître à aucun profane, ni même à un initié d'un degré inférieur, les doctrines qui leur étaient communiquées. Josèphe nous a transmis une partie du serment qu'on exigeait des néophytes : συντηρησεῖν ὁμοίως τά τε τῆς αἱρέσεως βιβλία καὶ τὰ τῶν ἀγγέλων ὀνόματα (1).

Dans le dosthanisme enfin, nous trouvons encore les mêmes procédés mystérieux. Les dosithéens tenaient pour des êtres impurs tous ceux qui ne faisaient pas partie de leur secte, et se regardaient eux-mêmes comme les purs et les élus. Cette opinion est nettement exprimée dans les *Poésies Samaritaines*, entr'autres dans la onzième, où il est parlé du petit nombre de ceux qui connaissent le mystère de l'amour de Dieu et qui participent à cet amour. Ce double privilège les distingue du commun des mortels. On n'était admis dans cette secte que par le moyen d'initiations. L'auteur des *Poésies Samaritaines*, dit Gésénius, n'ose point se compter parmi les hommes d'élite qui ont

(1) Josèphe, *Bel. jud.*, ii, 12.

pénétré tous les mystères de l'amour de Dieu ; il espère cependant être initié à cette doctrine secrète par quelqu'un de ceux qui l'ont reçue (1).

Il nous reste à examiner le troisième élément du principe formel, l'exégèse allégorique. Dans le judaïsme nous la trouvons avec toute sa faveur. L'allégorie juive est restée célèbre. Les Juifs d'Alexandrie, Aristobule, par exemple, trouvaient un sens caché sous le sens littéral : « Ceux dont l'esprit a peu d'intelligence, disait-il, en s'arrêtant à la lettre, ne voient pas ce qu'il y a de grand dans ce qui est exposé » (2).

La kabbale allégorise à outrance : elle s'efforce ou se donne l'air de tirer sa doctrine de l'Ecriture-Sainte ; et, comme l'Ecriture ne se prête en aucune manière à ce dessein les kabbalistes prennent avec elle les plus étranges libertés. Ne tenant pas le moindre compte de la valeur des mots et des lois du langage, ils substituent partout au sens naturel un sens allégorique qui, ainsi que l'on doit s'y attendre, est l'expression de leurs opinions préconçues... Les évènements de l'Ancien Testament, les cérémonies qu'il prescrit ne sont à leurs yeux que des symboles, ou, pour traduire leurs propres paroles, « qu'un vêtement souvent grossier sous lequel se cachent le corps et l'âme de la loi ». Par le corps, ils entendent le sens moral des livres révélés, et par l'âme, le sens mystique. Mais il y a aussi une âme pour cette âme ou un degré supérieur de sagesse et de

---

(1) Voir Nicolas, *Nouvelle Revue de Théologie*, art. cité, 1861, p. 76.
(2) Voir Nicolas, *Des doctrines religieuses des Juifs*, etc., p. 132.

perfection auquel n'arrivent qu'un très petit nombre d'élus (1). Ils vont même plus loin et ont tout un système dans lequel ils substituent les lettres les unes aux autres, ou encore avec la *Gamatria*, ils remplacent les caractères par leur valeur numérique. Bien entendu, ce sont les kabbalistes seuls qui peuvent connaître les procédés de cette exégèse : c'est là une conséquence naturelle de l'ésotérisme : le sens apparent est pour la multitude, le sens caché pour les initiés.

Telle était aussi la théorie des esséniens. Ils pensaient que les Ecritures renfermaient un sens caché qu'ils savaient découvrir; c'était surtout sur les prophéties que s'exerçait leur méthode allégorique, et « il est rare, ajoute Josèphe qui nous donne ces détails, que ces prédictions ne se réalisent pas » (2).

Quant au dosthanisme, nous n'avons pas de détails sur l'exégèse qu'il faisait des livres sacrés, mais il est probable qu'elle devait être aussi allégorique, car le même fait qui se retrouve dans cette secte, l'existence de deux enseignements, la rend nécessaire pour avoir sa raison d'être.

Ainsi dans le judaïsme nous constatons bien avant l'ère chrétienne un besoin de spéculation très marqué ; nous en aurions encore d'autres preuves dans les livres apocryphes et les pseudépigraphes de l'époque maccabéenne, tels que le livre d'Hénoch, certains passages du troisième livre des Oracula Sibyllina, le livre de la Sapience, etc, etc ; nous

(1) Voir *Dictionnaire des sciences philosophiques*, article « Kabbale ».
(2) Josèphe, *Bel. jud.*, ii, 8, 12.

avons simplement cité ces trois théosophies pour montrer
à quel point en était venu cette aspiration et combien peu
il faut y voir un désir plus ou moins vague et qui ne
cherchait pas à se satisfaire ; au contraire, des systèmes
spéculatifs se forment de toutes pièces ; à côté de l'enseignement pratique et moral de la loi, il y a autre chose,
il y a une véritable connaissance, une γνῶσις.

En résumé, tendance spéculative, théorie de l'enseignement secret, interprétation allégorique, ces trois éléments
du principe formel devaient se trouver à Alexandrie et
dans l'Asie Mineure ; apportés, soit de l'Occident soit de
l'Orient, ils devenaient des idées courantes : le gnosticisme
n'eut qu'à se les approprier.

11

Le Principe matériel

Où trouvons-nous les sources des idées gnostiques sur
l'origine du mal, l'ascétisme, la cosmogonie et les êtres
intermédiaires ?

Le platonisme n'a pas, à vrai dire, de théorie sur l'origine du mal. Dans la *République*, Platon dit, il est vrai, que Dieu n'est pas cause de tout, mais simplement de ce qui est bon, μὴ πάντων αἴτιον τὸν θεόν, ἀλλὰ τῶν ἀγαθῶν (1). Mais, dans le Timée, la matière est si peu regardée comme la source du mal que, lorsque le suprême ordonnateur eût formé le monde avec cette matière préexistante, le monde était, dit Platon, l'image de l'éternelle divinité, et son auteur l'admira et se réjouit de son œuvre. « Lorsque le père du monde vit l'être qu'il avait produit à l'image des dieux éternels se mouvoir et vivre, il fut ravi d'admiration, et, dans sa joie, il songea à le rendre encore plus semblable à son modèle » (2).

Ailleurs, il est vrai, Dieu nous est présenté comme ayant réalisé dans le monde l'idée de la Divinité, *autant que possible* (3) : ce n'était donc pas complètement et sans restriction. Dans d'autres dialogues, le philosophe nous parle de *quelque chose* qui doit être toujours opposé au bien (4). Aristote a voulu voir dans ces traits si peu accusés une doctrine décidée sur l'origine du mal trouvée dans la matière. Il est beaucoup plus sage de penser que Platon n'a pas voulu s'expliquer clairement sur l'origine du mal (5). Qu'il y ait un certain dualisme en lui, nous ne

(1) *République,* liv. II.
(2) Platon, *le Timée,* trad. Schwalbé, p. 502.
(3) *Ibid.,* p. 494.
(4) *Politique.*
(5) M. Fouillée dit que, pour Platon, le mal ressemble au faux, que l'âme n'aperçoit pas d'une vue directe, mais par son rapport d'opposition au vrai. De même, si le mal peut être connu, c'est dans sa rela-

le nions pas, car l'idée de la matière entraîne toujours l'idée de la limitation de l'infini dans le fini : « Tant que règne la pensée que les œuvres de Dieu doivent porter en elles-mêmes une privation dans la nature matérielle, que, comme œuvres d'art, elles doivent rester au-dessous de l'artiste, qu'elles sont par conséquent soumises à une limitation nécessaire qui ne permet pas leur perfection, on est obligé de reconnaître une conséquence du dualisme » (1).

Mais, entre ce dualisme si réduit et le dualisme catégorique des écoles gnostiques, il y a une profonde différence, et l'influence platonicienne pour ce point spécial a dû être bien insignifiante (2).

---

tion au bien, dont il est le contraire. Or, le contraire du bien, et par conséquent le principe du mal, c'est la matière indéterminée, le *possible*, le *contingent*, ce qui n'est rien, mais peut tout devenir. C'est Dieu, c'est le bien qui fonde cette possibilité du possible. Le mal absolu serait le néant absolu, il n'existe donc pas. Ce qui existe, c'est le moindre bien, la borne du bien. Fouillée, *ouv. cité*, p. 105.

(1) Ritter, *Considérations générales sur l'idée et le développement historique de la philosophie chrétienne*, p. 123, note 4.

(2) Dans le pythagorisme, il y a bien quelques traces de dualisme, mais très incertaines; c'en est plutôt le pressentiment que la conscience. « L'âme est dans le corps comme dans une prison. Elle est appelée à lutter sans cesse contre le principe du mal, sans avoir le droit de quitter son poste par le suicide. De là nos devoirs moraux. Tout bien a sa source dans l'unité et dans l'ordre; tout mal prend son origine dans la division et la dissonance. L'homme vertueux est celui qui se conforme aux lois de la raison et qui règle sa vie à l'imitation de Dieu. » Fouillée, *ouv. cité*, p. 47. Ainsi le mal est considéré encore comme une privation de bien plutôt que comme une puissance directement opposée au bien.

De même qu'il y a peu de dualisme dans la philosophie platonicienne, de même il y a peu d'ascétisme ou peu d'immoralité. Ces deux conduites pratiques supposent, en effet, nous l'avons vu, la croyance théorique à la matière source et siège du mal. La morale que prescrit Platon est pure, bienfaisante, juste, naturelle. Elle recommande la vertu, qui est la conformité de l'âme humaine aux idées ; l'œil fixé sur l'Idée suprême, l'homme de bien s'efforce de l'imiter. La vertu est une œuvre d'art et la sagesse ressemble à Phidias : la matière qu'elle façonne c'est l'âme humaine, et le modèle qu'elle imite, c'est Dieu. Tous ces préceptes n'ont rien de rude et quelquefois même on peut les enfreindre sans déchoir.

L'école pythagoricienne est peut-être un peu plus ascète. Respectant jusque dans les animaux le principe de la vie, elle imposait à ses adeptes l'abstention de la chair et même des végétaux lorsque, par leur forme, ils rappelaient à l'imagination quelque être vivant. Elle demandait, en outre, le sacrifice de la volonté par l'obéissance, et son silence proverbial devait être à la fois le résultat et la condition de la vie contemplative ; seulement cet ascétisme, hâtons-nous de le remarquer, n'a pas sa source dans le dualisme, mais au contraire dans une sorte de panthéisme.

Il en est de même de l'ascétisme des stoïciens, qui consistait plus dans le mépris de toutes les œuvres extérieures que dans la mortification continuelle de la chair. Ici encore nous sommes loin des théories gnostiques, et l'esprit grec, qui était avant tout ami de l'esthétique, ne devait pas se plaire aux exagérations dans un sens ou dans l'autre. Il y eût évidemment aussi des gens immoraux en Grèce comme ailleurs, mais aucun philosophe, Epicure même pas plus qu'un autre, n'a jamais conseillé ou simplement permis les licencieux excès auxquels se livrèrent leurs prétendus disciples.

Arrivons à la cosmogonie platonicienne : c'est là surtout qu'on a voulu voir une influence des idées grecques sur la théorie gnostique. Rappelons celle-ci en quelques mots :

. Le monde matériel est créé par un Démiurge imparfait ; entre ce monde et le Dieu suprême, il ne saurait y avoir aucun rapport direct, car l'un est la source et le principe du mal et l'autre la source et le principe du bien. Il y a donc entre eux une série descendante d'émanations, les éons, organisés en hiérarchies et réunis deux à deux pour former les syzygies.

Voyons maintenant la théorie platonicienne. Avant la production des êtres contingents et périssables qui devaient peupler notre terre, Dieu commença par former le monde qu'il anima en plaçant en lui une âme faite de trois essences, l'une indivisible, appartenant au divin, une autre divisible, provenant de la matière désordonnée, et une troisième, tirée de la fusion des deux précédentes. Le monde vivant et animé constitue l'ensemble des corps célestes, des astres qui suivent une marche régulière, famille céleste de dieux et de fils de dieux. C'est ce monde un et régi par une âme unique, quoique formant diverses parties (les astres), qui fut chargé par Dieu, son auteur et son père, de produire les êtres périssables et la partie mortelle de l'homme en imitant l'action par laquelle la

Puissance divine et souveraine, l'avait produit lui-même :
« Quand tous les dieux et ceux qui font leur révo-
lution à nos yeux et ceux qui n'apparaissent qu'autant
qu'il leur plaît, eurent reçu la naissance, l'auteur de cet
univers leur parla en ces termes : « Dieux, issus de
dieux, ouvrages dont je suis l'artisan et le père, vous êtes
indissolubles parce que vous avez été formés par moi et
que je le veux... Ecoutez maintenant ce que j'ai à vous
déclarer. Il reste encore trois espèces mortelles à produire : si elles ne reçoivent pas l'existence, le ciel sera
imparfait, car il ne renfermera pas toutes les espèces
d'êtres animés, et il le faut cependant pour qu'il soit
parfait. Si ces animaux recevaient de moi la naissance et
la vie ils égaleraient les dieux. Afin qu'il y ait donc des
races mortelles et que cet univers soit réellement achevé,
occupez-vous, selon votre nature, à produire ces animaux
en imitant la puissance que j'ai manifestée dans votre
production. Je vous fournirai la semence et le principe de
la partie qui doit porter le nom des immortels, partie
appelée divine... ; et vous, unissant la partie mortelle à la
partie immortelle, formez-en des animaux, produisez-
les, faites-les croître en leur donnant la nourriture
et, à leur mort, recevez-les de nouveau dans votre sein. »
Celui qui avait ordonné toutes ces choses demeura
dans son état ordinaire et, pendant qu'il y restait, ses
enfants méditèrent sur ses dispositions et les exécutè-
rent » (1). Voilà l'idée platonicienne.

_____

(1) Platon, *le Timée,* trad. Schwalbé, p. 507-509.

Le philosophe grec voulait expliquer « comment des êtres périssables dérivaient de l'Etre éternel ; des créatures faibles, sujettes au mal et à l'erreur de Celui qui est parfaitement sage, souverainement bon, possédant une puissance infinie ; des choses imparfaites, rebelles sous plusieurs rapports à une règle fixe, d'un père qui est la perfection même et le représentant de l'ordre et de l'harmonie. Il crut résoudre la question par la supposition d'un être intermédiaire, espèce de médiateur plastique, participant à la fois et dans une certaine mesure de la nature divine et de la nature chaotique de la matière, cause du bien et de l'ordre en tant que tenant au divin, mais cause imparfaite en tant que tenant à la matière désordonnée. Le mal, l'erreur et le désordre s'arrêtaient à cet Etre qui n'avait pu donner à son œuvre une perfection qu'il n'avait pas lui-même ; ils ne remontaient pas jusqu'à Dieu, qui n'était plus du moins la cause directe de la défectuosité des choses et des êtres périssables » (1).

En somme, cette théorie d'êtres intermédiaires entre Dieu et le monde, cette idée du Démiurge imparfait se rapproche assez de la théorie gnostique. Mais Platon ne nous dit rien sur la façon dont ces êtres sont arrivés à l'existence ; est-ce par émanation ou par création ? On ne le sait ; il manque donc encore à l'analogie un élément, et qui n'est pas le moins important (2).

---

(1) Nicolas, *Des doctrines religieuses des Juifs,* etc., p. 202.
(2) On pourrait voir aussi dans l'importance accordée par les gnos-

Laissons l'Occident et voyons l'Orient. D'abord le mazdéisme : nous y trouvons, pour expliquer l'origine du mal,
un dualisme très prononcé. C'est le plus connu et le plus
caractéristique de ses dogmes. A la tête de l'univers sont
deux principes, Ormuzd et Ahriman : en face du principe bon le principe mauvais ; c'est ce dernier qui a créé
le mal moral et matériel et la mort. La création était
sortie des mains d'Ormuzd pure et parfaite ; c'est Ahriman qui la pervertit par son action funeste et qui
s'efforce chaque jour d'accomplir son œuvre de destruc-
tion, car il est le *destructeur*. Il est éternel dans le
passé comme Ormuzd (1) : « J'ai créé, dit Ahura Mazda
(Ormuzd) un lieu de nature agréable où tout pourtant
n'était pas joie... ; une terre, lieu d'agrément, qui
n'avait point tous les charmes de la fertilité fut la
première création ; il y en eut une seconde opposée à la
première, produite par l'esprit homicide et essentiellement destructrice... » (2). A chaque bonne création, Ahriman en oppose une mauvaise. Mais ce dualisme n'est
pas irréductible, et un jour viendra, à la fin des siècles,
où trois prophètes issus de Zoroastre apporteront au
monde les trois derniers livres du Zend-Avesta et conver-
tiront tous les hommes au mazdéisme : alors le mal sera
définitivement vaincu et anéanti, la création redeviendra

---

tiques aux nombres des éons, les Ogdoades, les Décades, etc., une
influences des idées pythagoriciennes. Voir à ce sujet : *Ersch u. Gruber
Encyclopædie*, art. cité, p. 239.

(1) Voir Lenormant, *ouv. cité*, t. II, p. 315.

(2) Zend-Avesta, *Vendidad. Fargard I*, trad. de Harlez.

aussi pure qu'au premier jour et Ahriman disparaîtra pour jamais. Il y a ainsi pour Zoroastre un principe et un principe mauvais ; mais le mal n'a pas sa source nécessaire dans la matière : celle-ci est tantôt bonne, tantôt mauvaise, suivant qu'elle est l'œuvre d'Ormuzd ou d'Ahriman ; ce dualisme n'est donc pas tout à fait le dualisme gnostique.

Aussi ne trouvons-nous pas dans le mazdéisme une morale ascétique, et c'est bien naturel. Le fidèle adorateur d'Ormuzd a pour mission de combattre le mal sous toutes ses formes, mais sans que ce combat ait rien de violent. Au contraire, la profession la plus favorable à l'accomplissement de cette œuvre est l'agriculture ; parmi les créatures qui sont les plus agréables à Ormuzd, l'agriculteur occupe un des premiers rangs. « Les règles morales du Zend-Avesta sont souvent d'une très grande délicatesse, et on y remarque surtout une profonde horreur pour le mensonge, bien qu'à côté d'une certaine complaisance pour les jouissances matérielles. Mais on est surpris d'y rencontrer des passages qui témoignent d'une vénération religieuse pour certains animaux, surtout pour la vache et le chien, et en même temps une horreur extrême pour certains objets, principalement pour les cadavres humains qu'il n'est permis ni de brûler ni d'enterrer à cause du respect porté au feu et à la terre, mais que l'on doit abandonner aux oiseaux de proie dans des endroits réservés à cet effet » (1). Le Vendidad con-

(1) Lenormant, *ouv. cité*, t. II, p. 320.

tient, en outre, un traité complet de purifications ; Ahriman a introduit dans le corps de l'homme des substances mauvaises par nature : ce sont toutes les matières destinées à sortir du corps, les cheveux et les ongles compris. Tout cela est impur, l'homme doit s'en débarrasser au plus tôt et avec toutes les précautions requises pour ne souiller aucun être pur par leur contact. Des prières spéciales sont prescrites pour chaque émission de ces matières, pour la coupe des cheveux et des ongles ; l'haleine elle-même est impure et ne doit même pas effleurer le feu sacré (1). En somme, on retrouve dans la morale pratique l'indécision qui caractérise le dualisme théorique ; il n'y a pas du principe concret du mal ; tout ce qui vient d'Ahriman est mauvais : c'est une simple abstraction.

La cosmogonie des mazdéens est pure de toute idée d'émanation : Ormuzd et Ahriman sont éternels dans le passé l'un et l'autre. La doctrine des zarvaniens prétendit, il est vrai, qu'ils étaient sortis, par émanation, du « Temps sans bornes » ; mais cette théorie, qui rabaisse Ormuzd au rang d'un Démiurge organisateur de l'univers préexistant en puissance, n'est pas dans le Zend—Avesta (2). Au contraire, dans les passages principaux et

_____

(1) Voir Zend-Avesta, trad. de Harlez, Introd. p. 62.

(2) M. Franck, dans les *Etudes orientales*, repousse l'idée d'une égalité d'Ahriman avec Ormuzd et semble attribuer au mazdéisme cette conception panthéiste du « Temps sans bornes » préexistant à toutes choses ; cependant, il avoue plus loin que les livres zends ne s'expliquent pas sur la manière dont le monde fut formé et ne disent

surtout dans le *Fargard I*, dont nous avons cité le début,
Ormuzd est représenté comme *créant*. Seulement, il ne
crée pas par lui-même, il se sert d'un intermédiaire,
le Verbe créateur, *Honover* : c'est le Verbe créateur
qui existe avant tout (1). Au-dessous du Verbe divin,
de l'intelligence ou de la raison universelle qui a présidé
à la formation des choses, nous trouvons les génies puis-
sants, les vrais anges ou démons, d'abord les six *Amschaspands* puis les *Iazatas* ou *Izeds*, répandus dans tout l'univers
existant et veillant à la conservation de ses diverses parties. Ils sont les uns et les autres les objets d'un culte de
la part des mazdéens ; enfin viennent les *Fervers*, formes
pures des choses, créatures célestes répondant aux créatures terrestres dont elles sont les types immortels. Les
astres, les animaux, les hommes, les anges, tout être a son
ferver qu'il implore par des prières et des sacrifices, pro-
tecteur invisible qui veille incessamment sur lui. Comme
au principe du bien correspond le principe du mal, à la
hiérarchie des êtres bons correspond aussi une hiérarchie d'êtres mauvais créés par Ahriman : ce sont
les *Darwands* et les *Dews* opposés aux *Amschaspands* et
aux *Izeds*. Chacun d'eux contrecarre et combat l'œuvre
bonne, l'œuvre conservatrice d'un des ministres d'Ormuzd ; c'est par eux que le premier homme a été
séduit et soumis à une dégradation qu'Ormuzd a voulu

pas si c'est par émanation ou par création. *(Etudes orientales, Doctrines religieuses et philosophiques en Perse*, p. 224 et 227.)

(1) Voir Lenormant, *ouv. cité*, t. II, p. 312.

réparer en révélant le Zend-Avesta à Zoroastre. Mais
ce dernier n'est cependant pas le médiateur par excellence : il ne s'est jamais donné que comme un homme
inspiré du ciel, un prophète ; le vrai médiateur, c'est
Mithra, dont l'origine n'est pas nettement expliquée dans
ce qui nous reste du Zend-Avesta, mais qui paraît issu
d'Ormuzd et consubstantiel à lui ; il a chassé du ciel
Ahriman et il est le gardien des hommes pendant leur
vie et leur juge après la mort (1). Telle est la cosmogonie mazdéenne. Par la croyance aux êtres intermédiaires, elle a quelques rapports avec la théorie
gnostique ; mais elle en diffère en ce qu'elle n'admet
pas l'émanation et renferme l'idée d'une hiérarchie
d'êtres mauvais opposés aux puissances bonnes.

Jetons maintenant un rapide coup d'œil sur le système
de l'Inde ; nous y trouverons l'idée de l'émanation qui
est la doctrine fondamentale du bouddhisme ; tous
les êtres sont émanés du principe premier : « Le monde
était plongé dans l'obscurité, imperceptible, dépourvu
de tout attribut distinctif, ne pouvant ni être découvert
par le raisonnement ni être révélé; il semblait entièrement livré au sommeil. Quand la durée de la disso-
lution fut à son terme, alors Brahma, le Seigneur existant
par lui-même et qui n'est pas à la portée des sens exter-
nes, rendant perceptible ce monde avec les cinq éléments
et les autres principes, resplendissant de l'éclat le plus
pur, parut et dissipa l'obscurité. Ayant résolu de faire

(1) Voir Lenormant, *ouv. cité*, t. II, p. 319.

émaner de sa substance les diverses créatures, il produisit
d'abord les eaux, etc., etc. » (1). L'univers a été produit ainsi par une série d'émanations successives. Mais
à mesure que le monde et les hommes s'avancent dans la
carrière du temps et s'éloignent du principe premier d'où
ils sont sortis, ils dégénèrent par cela même, et tombent
de plus en plus sous l'empire de la mort et du péché. Aux
yeux des brahmanes, le monde matériel est atteint d'impureté à un degré plus ou moins considérable dans ses
différentes parties, et cette impureté se communique par
le simple contact. Voilà donc le dualisme gnostique ; remarquons en passant qu'il est la conséquence de la théorie
émanatiste et non sa cause ; c'est parce que les créatures
s'éloignent de plus en plus de Dieu qu'elles finissent par
être mauvaises ; le mal est encore une privation de bien,
et ce n'est pas parce que les créatures sont mauvaises
qu'il faut supposer entre Dieu et le monde une série
d'êtres intermédiaires.

La question de l'impureté et des moyens de s'en délivrer tient une place importante dans les lois de Manou
et s'y présente avec de grands développements. La vie
ascétique des anciens brahmanes et leurs macérations
sont restées célèbres. D'ailleurs, l'idéal du bouddhisme,
en proclamant que l'existence de ce monde n'est qu'une
illusion, est d'arriver au *Nirvâna* par l'anéantissement
absolu et l'extinction de tout désir. Il y a donc encore ici
beaucoup d'affinités entre ces systèmes et le gnosticisme.

(1) Lenormant, *ouv. cité*, t. III, p. 619,

Examinons enfin la troisième source, le judaïsme. Un
certain dualisme ne lui est pas étranger. Dans les apoca-
lypses juives, notamment dans le livre de Hénoch, nous
trouvons l'idée d'une puissance mauvaise qui trouble l'ordre établi par la puissance bonne, et qui détourne la
création de son vrai but. Hénoch nous parle d'esprits dia-
boliques qui entraînèrent au péché les bons anges en les
faisant s'unir aux filles des hommes ; d'autres donnèrent
à l'humanité une science funeste, sans laquelle « la mort
n'aurait pas régné sur eux et le mal ne les aurait pas
tourmentés, car ils avaient été créés semblables aux anges
et devaient rester justes et purs » (1). Ailleurs, quand
Hénoch fait allusion à des hommes « nés dans les ténèbres » (2), et quand il nous décrit la punition réservée à
l'humanité pécheresse, sans nous dire quel sera le sort
définitif des puissances sataniques, il semble bien croire
à un dualisme irréductible entre le bien et le mal : l'un
ne triomphera pas de l'autre (3).

Dans le livre de la Sapience, on trouve aussi des traces
de croyances semblables ; elles se montrent dans cette dé-
claration *que le monde a été formé d'une matière désordonnée ;* elles se montrent plus prononcées encore dans
un commencement de tendance à l'ascétisme. Sans aller
jusqu'à affirmer que la matière est la source du mal, l'au-

---

(1) *Das Buch Henoch, überzetz und erklœrt,* von Dr A. Dillmann,
ch. LXIX, § 11.

(2) *Ibid.,* ch. CVIII, § 11.

(3) Voir Hilgenfeld, *ouv. cité,* p. 158.

teur de ce livre la regarde comme un fâcheux obstacle aux développements intellectuels et moraux.

La théologie rabbinique contient quelques allusions au dualisme, très éloignées, il est vrai, mais enfin passablement claires. On y parle beaucoup du *monde d'en haut* et du *monde d'en bas,* du *monde de Dieu* et du *monde des hommes :* « La Bible ne connaît que *le monde ;* la théologie juive connaît *les mondes* » (1). Dans le Targum de Jérusalem (I Gen., xviii, 30), Abraham nomme Jéhovah *le Seigneur de tous les mondes* . Les écoles d'Hillel et de Shammaï discutèrent, en s'appuyant soit sur Psaume CII, 26, soit sur Genèse, 1, 1, pour savoir si le ciel avait été créé avant la terre ou inversement. Une semblable question pouvait difficilement se poser, si on n'avait aucune idée dualiste. La théorie des sept cieux et de leur éloignement de la terre pourrait être aussi invoquée à l'appui de cette hypothèse.

Mais là où nous trouvons un dualisme complet et explicitement avoué, c'est dans l'essénisme. Tandis que nous n'avons dans les apocryphes et la théologie rabbinique qu'une opposition plus ou moins tranchée entre un principe bon et un principe mauvais, chez les esséniens c'est la matière qui est positivement regardée comme la source et le siège du mal ; nous sommes en plein gnosticisme. L'âme humaine, cédant à l'attrait du plaisir et des jouissances matérielles, a consenti à s'unir au corps ; retenue

(1) Weber, *System der altsynagogalen palæstinischen Theologie,* § 44, p. 196.

dans ce dernier comme dans une prison, elle ne cesse de soupirer après sa liberté, jusqu'au moment où la mort, venant briser ses liens, lui permet de prendre son essor ; alors, suivant qu'elle s'est rendue maîtresse ou esclave du corps, elle s'envole vers le séjour des bienheureux où règne un printemps éternel ou bien dans la sombre et froide demeure des méchants (1). De là résultaient naturellement des préceptes moraux dont le but était de réaliser cette délivrance des liens matériels.

L'ascétisme n'est pas chose surprenante chez les Juifs (2) : en effet, la vie du Juif était entourée d'un réseau de règlementations nombreuses et compliquées. Les pharisiens eux-mêmes le resserraient de plus en plus ; mais là où le vrai principe n'était pas, on ne peut s'attendre à trouver la conséquence ; en effet, le judaïsme rabbinique prescrit une morale austère, rigide, mais point ascétique. Il est certain que la loi mosaïque, étant une loi de défenses et de purifications, c'est-à-dire une loi négative, supposait bien en quelque mesure que la matière était le siège du mal, et quand Jésus-Christ dit aux pharisiens : « Ce n'est pas ce qui entre dans la bouche qui souille l'homme » (3), on pourrait voir dans ces paroles une sorte de réfutation du dualisme ; mais c'était plutôt un préjugé général qui faisait du corps la source du péché, parce que

(1) Josèphe, *Bel. jud.*, ii, 8, 11.
(2) Nous ne cherchons pas chez les Juifs la seconde tendance résultant du dualisme, l'immoralité ; même chez les plus dualistes, la théorie a toujours eu pour conséquence un rigorisme sévère.
(3) Matth., xv, 11.

le plus souvent il en est l'organe ; ce n'était pas une théorie acceptée, reconnue, ni surtout professée.

Dans le livre de Daniel, nous avons cependant un exemple d'ascétisme. Daniel et ses trois compagnons refusent les mets et le vin que le roi leur donne et ils ne mangent que des légumes (1). Ailleurs, le prophète nous raconte « qu'il resta trois semaines dans le deuil. Il ne mangea aucun mets délicat ; il n'entra ni viande ni vin dans sa bouche et il ne s'oignit point jusqu'à ce que les trois semaines fussent accomplies » (2). Après quoi il eut une vision. Cette sévère abstinence semble donc être une préparation à la révélation divine, et, pour recevoir cette révélation, il fallait se détacher autant que possible des liens de la matière.

Le livre d'Hénoch attribue aussi un certain mérite à l'ascétisme. « L'ange me dit : Il y a des choses écrites là-haut dans le ciel afin que les anges puissent les lire et connaissent ce qui doit arriver aux pécheurs et aussi ce qui doit arriver aux âmes des humbles, de ceux qui ont traité durement leur corps, et qui, à cause de cela, ont été récompensés par Dieu, et à ceux qui ont été couverts d'opprobre par les hommes méchants ; ceux qui aimaient Dieu, et qui n'aimaient ni l'or ni l'argent, ni les biens de ce monde, mais qui tourmentaient leur corps, qui depuis le commencement de leur vie ne convoitaient pas les aliments terrestres, mais qui pensaient au contraire qu'ils

(1) Daniel, i, 7-16.
(2) Daniel, x, 2-4.

. n'étaient eux-mêmes semblables qu'à un souffle passager,
et qui vivaient d'une manière conforme à cette opinion ;
le Seigneur les a beaucoup éprouvés, mais leur esprit a
été trouvé pur et propre à glorifier le nom du Seigneur.
J'ai décrit dans ce livre toutes les bénédictions qui sont
leur partage, et Dieu les a ainsi récompensés, parce qu'il
a vu qu'ils aimaient mieux le ciel que leur propre vie » (1).

La Sapience renferme aussi quelques idées ascétiques ;
elle célèbre hautement la virginité : « Heureuse, s'écrie-
t-elle, la femme qui reste stérile, qui n'est point souillée,
qui n'a point connu de liaisons impures. Heureux l'homme
qui a vécu comme un eunuque sans commettre de trans-
gression » (2).

Dans l'essénisme, nous avons un système de morale
tout à fait ascétique, conséquence du dualisme. Leur
nourriture, leurs vêtements étaient de la plus grande sim-
plicité ; ils ne s'oignaient jamais d'huile, et se croyaient
souillés, si par hasard une goutte de ce liquide était tom-
bée sur eux. Le mariage n'était dans leur secte qu'une
très rare exception et était toléré dans le seul but de la
continuation de l'espèce. Quelquefois même, pour l'éviter,
on adoptait des enfants ; mais ces jeunes membres de la
société n'étaient définitivement admis qu'après le noviciat
dont nous avons parlé plus haut, car la communauté ne
se composait que d'hommes faits (3).

---

(1) Hénoch, cviii, § 7-10.
(2) Sapience, iii, 13-14.
(3) Voir Philon, *Quod omnis probus liber*, p. 457 ; Josèphe, *Bel.*

Terminons notre étude du judaïsme par un rapide examen de sa cosmogonie et de sa théorie sur les anges. Dans les deux siècles qui précédèrent la venue de Jésus-Christ, l'idée de Dieu subit dans le judaïsme une transformation à peu près complète. Un respect de plus en plus grand semble entourer la divinité et du même coup la place plus loin du monde. Etait-ce le sentiment du péché qui poussait les Juifs à éloigner le Dieu très saint des créatures souillées ? était-ce l'idéalisme qui commençait à se glisser dans les esprits ? on ne saurait trop que répondre, mais le fait reste. Dieu se séparait de plus en plus du monde : les théophanies et les anthropomorphismes du Pentateuque sont spiritualisés. Les rédacteurs de la version des Septante et des Targums d'Onkelos et de Jonathan sont évidemment animés du désir de les faire disparaître et de les remplacer par des explications que rien n'autorise dans le texte original (1). Les Juifs palestiniens ne prirent pas de telles libertés, mais ils s'abstinrent de traduire dans le culte public les passages dans lesquels se trouvaient des récits dont la naïveté les blessait ; et dans les écoles ils interprétaient Moïse et les prophètes en leur prêtant leurs propres idées (2). C'est à ce moment que se forme la théorie des hypostases, le *Metatron*, la *Memra*, la *Shekina*, l'*Esprit de Dieu* et le *Bath Kol*. « Un tel Dieu, dit

jud., II, 8, et Hilgenfeld, *Die judische Apokalyptik*, p. 258 ss., *Die essæischen Vereine in Palæstina*.

(1) Nicolas, *Des doctrines religieuses des Juifs*, etc., p. 147.

(2) *Ibid.*, p. 155.

Weber, ne pouvait pas communiquer immédiatement avec les créatures ; mais sa présence et son influence sont réalisées au moyen d'intermédiaires » (1). L'action directe de Dieu sur le monde était donc niée ; et, à côté de ces hypostases qui ont créé et gouvernent le monde, on plaça bientôt toute une hiérarchie d'autres intermédiaires, les anges.

L'angélologie juive a été très developpée.

Les attributions des messagers célestes sont déterminées, et les principaux d'entre eux, ceux du moins dont le rôle est le plus actif, sont désignés par des noms propres. Ils ont des chefs reconnus qui jouissent du privilège d'être admis directement dans la présence de Dieu et qui forment son conseil secret (2). Dans le livre de Daniel, les chefs de la milice céleste sont appelés les *premiers princes* (3). Nous apprenons ailleurs qu'ils sont au nombre de sept (4). Le livre d'Hénoch nous donne des détails très complets sur leurs catégories et leurs attributions. Ils se tiennent auprès du trône de Dieu et ne le quittent ni le jour ni la nuit (5) ; ils sont ses intermédiaires auprès des hommes. C'était une idée assez commune chez les Juifs que la loi de Moïse avait été donnée par l'intermédiaire des anges. Mais la plus importante de leurs

---

(1) Voir, pour toute cette question des hypostases, Weber, *System der altsynagogaler palœstinischen Theologie*, p. 172.

(2) Tobie, xii, 12-15.

(3) Daniel, x, 13.

(4) Zacharie, iii, 7. Tobie, xii, 15.

(5) Hénoch, xiv, 22, 23.

fonctions était de veiller sur les destinées des nations, et
les anges des peuples s'identifient avec les peuples eux-
mêmes (1); Daniel les appelle des *veillants* (2). Ils présentent à Dieu les prières des hommes (3). On a quelquefois
considéré les astres comme des anges (4); dans le livre
d'Hénoch, les astres sont des êtres animés et des puissances célestes (5). Enfin les esséniens spéculaient aussi
sur les anges, et, d'après le passage de Josèphe (6) qui
renferme ce détail, il paraîtrait qu'ils adoraient le soleil à
son lever et lui adressaient une prière ; ce fait viendrait
confirmer l'idée que les astres étaient, dans la pensée des
Juifs, des puissances célestes. Dans tous les cas, si les
esséniens ne leur rendaient pas un véritable culte, il est
toujours incontestable qu'ils les regardaient comme des
manifestations de la divinité, puisqu'ils s'efforçaient de
dérober les choses souillées à la lumière du soleil.

En somme, l'idée d'êtres intermédiaires entre Dieu et
le monde est nettement formulée dans le judaïsme de
cette période. Il reste une dernière question à résoudre : ces
êtres intermédiaires sont-ils des *émanations* ou des *créatures?* Or, sur ce point, toutes les théories que nous ve-

(1) Daniel, ɪv, 13, 20.
(2) Daniel, x, 13, 17, 23.
(3) Tobie, xɪɪ, 15.
(4) Voir Weber, *ouv. cité*, p. 161; Graf Baudissin, *Studien zur
semitischen Religions-Geschichte*, t. I, p. 118; Klæpper, *Der Brief an
die Kolosser*, p. 227 et 361.
(5) Hénoch, xxɪ.
(6) Josèphe, *Bel. jud.*, ɪɪ, 8, 7.

nons d'exposer s'accordent à reconnaître que les anges
sont des créatures; ils ont été créés le second jour géné-
siaque (1). L'idée d'émanation est étrangère au judaïsme.

Nous ne la trouvons que dans le système de la kabbale
dont nous allons dire quelques mots en terminant. L'*En-
Soph*, l'Etre infini, cause immanente, principe à la fois
passif et actif de ce qui est, se manifeste à lui-même par
les *sephiroths*, qui sont les intermédiaires entre l'Etre
infini et le monde; elles sont des attributs divins que
l'En-Soph réalise en leur donnant l'existence; elles sont
organisées par couples, et leur éclat et leur puissance
diminue à mesure qu'elles s'éloignent de leur source.
Après avoir formé ses propres attributs, ou, pour parler
plus exactement, après s'être engendré lui-même, Dieu
procède de la même manière à la génération des autres
êtres, car, bien que les kabbalistes distinguent entre le
*monde de l'émanation, le monde de la création, le monde de
la formation et le monde terrestre* ou *monde de l'action*, il
n'en est pas moins vrai que, d'après leurs croyances, tout
sort également du sein de Dieu et tout participe également de son être, mais à des degrés divers, selon la
distance qui se trouve entre les effets et la cause. La
matière est le dernier anneau de cette chaîne; seulement,
comme la kabbale est panthéiste, elle regarde le monde
comme l'expression de la suprême raison, confondue elle-
même avec la suprême bonté et le beau idéal. Aussi la
création est-elle un acte d'amour, une bénédiction, et les

(1) Weber, *ouv. cité*, p. 161.

kabbalistes considèrent comme un fait très significatif que la lettre qui commence le récit de la Genèse entre aussi la première dans le mot hébreu qui signifie *béniz, barak* (1). En ne considérant pas le monde matériel comme foncièrement mauvais, la kabbale se sépare nettement du gnosticisme.

On a pu remarquer dans le cours de cette étude combien sur certains points les idées juives se rapprochaient des idées orientales ; souvent la différence qui existe entre elles ne tient qu'à un point secondaire : la doctrine générale est la même. Le désir de spéculation, les castes, les initiations, le dualisme, l'ascétisme, l'émanation, les êtres intermédiaires, tous ces traits se remarquent dans l'une et l'autre philosophie, plus ou moins accusés, il est vrai, mais enfin ils s'y trouvent. Conclure à une analogie fortuite serait trancher bien vite la question et tenir peu compte des lois de l'histoire et de l'esprit humain. Deux peuples très différents, vivant dans des contrées assez éloignées l'une de l'autre, se seraient difficilement rencontrés d'accord sur les points essentiels de leurs philosophies religieuses. Il faut donc supposer qu'il y a eu une cause réelle à cette analogie de doctrines et ne point y voir l'effet du hasard ; cette cause se trouve dans les relations établies entre ces deux peuples par l'exil des Juifs.

(1) Voir le *Dictionnaire des sciences philosophiques*, article « Kabbale », et l'ouvrage de M. Franck, *la Kabbale.*

Au moment de la conquête de la Babylonie par Cyrus, les déportés du royaume de Juda saluèrent les vainqueurs comme leurs libérateurs ; des rapports continuels s'établirent dès lors entre les deux peuples, et l'on n'est pas surpris que les Israélites aient appris à estimer la religion mazdéenne, et se soient pénétrés de celles de ses doctrines qui offraient quelques analogies avec leurs propres croyances et qui pouvaient s'unir avec elles. « Les Perses, de leur côté, ne paraissent pas avoir eu moins d'estime pour la religion mosaïque. Il est certain que plusieurs de leurs croyances religieuses se teignirent d'un reflet bien marqué de la théologie juive » (1). Les deux religions avaient, en effet, de nombreux point de contact, par exemple, dans la croyance à l'unité de Dieu, l'horreur pour toute représentation sensible de la divinité, leur système sur les souillures légales et les cérémonies purificatoires, les classifications des animaux purs et impurs, etc., etc. Quoi qu'il en soit, c'est certainement à partir de ce moment que nous voyons apparaître dans le judaïsme plusieurs des idées que nous avons indiquées plus haut ; la tendance à la spéculation n'existait pas avant l'exil ; la vie de l'Hébreu était renfermée dans un tissu de règlementations, minutieuses, vie toute morale et religieuse, mais point philosophique et mystique.

C'est à partir aussi de cette époque que nous voyons se former les théosophies kabbalistique (2), essénienne

---

(1) Nicolas, *Des Doctrines religieuses des Juifs*, etc., p. 52.
(2) Voir Franck, *la Kabbale*, p. 353.

et dosithéenne (1). L'explication allégorique des textes, la répugnance aux anthropomorphismes et aux théophanies ne se trouvent que dans des écrivains postérieurs à la captivité (2). Un point capital aussi à noter, c'est que l'hébraïsme n'a jamais été dualiste. L'unité de Dieu est fermement maintenue dans tous les livres de l'Ancien Testament sans exception, et nous ne trouvons de principes vraiment dualistes que dans la théosophie essénienne (3). La kabbale est panthéiste. — Les prescriptions ascétiques ne s'appliquent dans l'Ancien Testament qu'aux naziréats et au grand prêtre dans l'exercice de ses fonctions. Enfin la doctrine sur les êtres intermédiaires et les spéculations sur les anges ne remontent certainement pas plus haut que le IIe ou IIIe siècle avant notre ère, et ont peut-être eu pour origine l'idée de la *Sagesse* personnifiée dans le livre des Proverbes. Mais jusque-là Dieu avait été directement en rapport avec le monde dans la pensée des Israélites, et les chœurs célestes célébraient la gloire du Très-Haut sans éloigner sa providence.

(1) Voir Nicolas, *Nouvelle Revue de Théologie*, 1861, p. 73.

(2) Voir Nicolas, *Des doctrines religieuses des Juifs*, etc., p. 145.

(3) Le comte Baudissin a même voulu prouver que, dans les livres de l'Ancien Testament, il n'y avait pas l'idée d'anges déchus. Satan, dans le Prologue du livre de Job, est bien une puissance, mais qui n'agit que par la volonté de Dieu. Dans Zacharie, III, 1, il ne s'appuie en réalité que sur une justice rigoureuse. Quand il tente David (I Chronique, XXI, 1), il ne fait pas autre chose que ce qui avait déjà été attribué à Dieu lui-même (II Samuel, XXIV, 1) etc., etc... Graf Baudissin, *Studien zur semitischen Religions-Geschichte*, t. I, p. 124.

Il est donc évident qu'il faut admettre une influence persane sur la théologie juive. Elle s'est exercée précisément sur les doctrines qui se rapprochaient le plus des doctrines orientales, et là surtout où elle ne risquait pas de contredire les idées essentielles du judaïsme. D'ailleurs, les résultats n'ont pas toujours été acceptés par le judaïsme en général, mais par quelques sectes isolées qui se développèrent à côté de la synagogue, pieuse conservatrice des traditions mosaïques; les spéculations, les initiations, l'allégorie restent l'apanage de l'essénisme, du dosthanisme, de la kabbale et du judaïsme alexandrin : le dualisme et l'ascétisme ne sortent pas de l'essénisme. Quant aux théories sur les êtres intermédiaires et les hypostases, tout en étant généralement acceptées, elles ne sont exposées tout au long que dans les apocryphes et les pseudépigraphes : on admet le principe, qui au fond n'est que le respect exagéré de la divinité; mais on n'en tire pas entièrement les conséquences.

CONCLUSION

Nous voici arrivés jusqu'à la source la plus éloignée qu'on puisse découvrir : remonter plus haut serait aller jusqu'aux origines des religions orientales elles-mêmes et nous perdre dans les ténèbres les plus épaisses. Au point où nous en sommes, il faut à présent jeter un regard en arrière et essayer de reconstituer synthétiquement les origines du gnosticisme.

Qu'avons-nous à Alexandrie ? Trois tendances différentes (1), dont chacune a ses idées propres, qui renferment quelquefois certaines analogies, mais qui cependant sont le plus souvent divergentes.

Le platonisme y apporte l'idée de la connaissance réfléchie et la théorie de la création par des êtres

---

(1) Nous pourrions même dire quatre, en séparant le bouddhisme du mazdéisme.

intermédiaires ; il y apporte surtout cette forme grecque,
cette admirable esthétique, cette aspiration à l'harmonie
qui rapproche, ordonne, systématise les éléments divers
et les conceptions flottantes ; et, en cela, le pythagorisme
le seconde par son amour de l'ordre et ses spéculations
sur les nombres.

Le bouddhisme y apporte ses idées d'émanation, son
mysticisme extatique, sa désillusion universelle, et son
ascétisme pratique qui est le moyen d'arriver au bonheur.

Le mazdéisme y apporte son dualisme si profond, sentiment terrible de l'existence du mal, qui ne bannit pourtant pas l'espérance que ce mal aura un jour son terme.

Le judaïsme enfin y apporte ses idées plus persanes
encore qu'hébraïques sur l'angélologie et ses théories
esséniennes sur l'ascétisme, les purifications, les initiations
et l'exégèse allégorique si complètement fantaisiste (1).

Voilà les idées régnantes à Alexandrie ; voilà le milieu
dans lequel le gnosticisme se développa. Philon n'échappa
point à cette influence : son dieu second, le λόγος, son
émanatisme, sa théorie des idées éternelles, son mysticisme
spéculatif, son enseignement double, son allégorie, tout
nous révèle les sources multiples où il a puisé sa philosophie et nous explique la difficulté de mettre l'unité

---

(1) Les doctrines esséniennes ont pu être propagées en Egypte par la
secte des Thérapeutes ; et, d'ailleurs, il n'est pas prouvé que les esséniens ne se soient pas répandus hors de la Palestine. Voir à ce sujet
Zeitschrift für wissenschaftliche Theologie, 1871, « Die essenischen
Gemeinde », par Clemens.

dans son système. Hellénisme, orientalisme, judaïsme, tout s'y heurte, souvent sans s'y coordonner.

Le gnosticisme suivit une route parallèle. Déterminer exactement ce qu'il prit à chacune de ces diverses philosophies serait bien téméraire ; tout ce que nous pouvons dire, c'est que, parmi ces idées courantes, il en recueillit quelques-unes, les groupa, les systématisa. En effet, malgré son affinité sur certains points avec les philosophies dont nous avons parlé, le gnosticisme ne s'est confondu ni avec le platonisme (dans le néoplatonisme), ni avec le mazdéisme, ni avec le bouddhisme, ni avec l'essénisme, ni avec le dosthanisme, ni avec la kabbale, ni avec le philonisme. Il est resté original.

L'originalité de Philon consiste en ce que, malgré toutes les analogies qu'on peut établir entre ses idées et les idées théosophiques de la Grèce ou de l'Orient, il est resté profondément juif. « Tous les écrits de Philon sans exception sont consacrés à l'apologie de la religion de la famille d'Israël ; ils ont pour but unique de montrer que cette religion, fondée par Dieu lui-même, possède la meilleure de toutes les législations, les croyances les plus conformes à la vérité, le culte le plus saint, la morale la plus élevée et la plus pure » (1). De là naturellement une certaine tournure d'esprit et une certaine forme de l'exposition qui caractérisent son système.

Le gnosticisme n'a point de patrie : il n'est ni Juif,

(1) *Revue de l'histoire des religions*, 1882, t. V, « Etudes sur Philon d'Alexandrie », par Nicolas, p. 324.

ni Grec, ni Oriental, ou plutôt il est tout cela à la fois. Mais son originalité ne consiste pas seulement dans ce caractère négatif : toute cette philosophie gravite autour d'un point central, la *connaissance*. C'est là sa vraie marque distinctive. Autour de cette idée unique sont venues se grouper toutes les autres théories, ou plutôt elles en découlent comme des conséquences découlent d'un principe.

« Connaître est tout, le reste n'est rien. » Donc Dieu, qui est l'absolu, doit posséder le moyen parfait de la connaissance absolue, l'Esprit absolu : Dieu est esprit. Si l'esprit est le bien, l'opposé de l'esprit, ce qui l'entrave dans ses recherches, ce qui l'enchaîne par les besoins du corps et l'arrête par les imperfections des sens, la matière en un mot, c'est le mal, donc dualisme. Entre le bien et le mal, aucune communication n'est possible : il faut qu'il y ait une série d'êtres intermédiaires qui créeront, qui gouverneront, qui surveilleront ; on les suppose émanés de Dieu, et l'imagination se plaît à se les représenter marchant deux par deux, organisés en syzygies. Pour nous délivrer à notre tour du mal, il faudra nous détacher des liens de la matière, la mortifier, l'anéantir, donc ascétisme. Et enfin toute cette science des rapports de Dieu avec le monde n'est pas à la portée de chacun ; il faut être intelligent pour connaître, pour comprendre, pour devenir un initié et un élu, donc les castes. Voilà la doctrine tout entière parfaitement coordonnée et tout à fait liée dans ses parties.

Qui est-ce qui réunit ces éléments et en forma le système? nous ne pouvons le dire. La terminologie elle-même, qui pourrait nous fournir quelques renseignements, est composée d'éléments aussi divers que le système lui-même. Le terme principal, la γνῶσις, a peut-être été emprunté à Platon, à Philon ou à saint Paul ; le nom de γνωστικοί n'a été adopté qu'assez tard par les Carpocratiens d'après Irénée (1), ou par les Naasséniens d'après les *Philosophoumena* (2).

Le mot ἀχαμὸθ des Valentiniens et le *Jaldabaoth* des Ophites trahissent une origine palestinienne; mais, à part cela, il faut reconnaître que la plupart des termes appartiennent à la langue grecque, et ce fait nous confirme dans l'opinion émise plus haut, qu'Alexandrie et l'Asie-Mineure sont la patrie du gnosticisme.

Cependant, le gnosticisme ne fut pas d'abord l'ennemi du judaïsme ; s'il le devint plus tard, ce fut sans doute sous l'influence chrétienne. Les gnostiques voulaient paraître tirer leur doctrine de l'Ancien Testament, et c'est là que leur exégèse allégorique se donnait libre carrière. Les textes possédaient des sens qu'on ne leur aurait jamais supposés, et les fantaisies de ces rêveurs n'ont d'égales que celles de Philon.

Vint alors le christianisme et on appliqua aux livres du Nouveau Testament, à l'histoire de Jésus et à son enseignement le même procédé ; les paraboles furent transformées de la manière la plus inattendue, sous prétexte que

(1) Irénée, *Adv. hær.*, ı, 25.
(2) *Philosophoumena*, v, 11.

les gnostiques pouvaient seuls « connaître les mystères du royaume des cieux, γνῶναι τά μυστήρια τῆς βασιλείας τῶν οὐρανῶν ». C'est ainsi que, pour Simon le Magicien, sa compagne, Hélène, était représentée sous les traits de la brebis perdue (1).

On fit plus ; et ceci est un moment capital dans l'histoire du gnosticisme : on prit à la religion chrétienne l'idée de la rédemption; avant le christianisme, les premiers essais des systèmes gnostiques ne connaissaient pas cette conception, étrangère d'ailleurs au monde antique; ils n'avaient pas imaginé une intervention personnelle de Dieu pour sauver l'humanité et rétablir l'ordre troublé dans l'univers entier. Pour eux, le salut consistait dans la connaissance et les pratiques ascétiques qui la facilitent en mortifiant la chair ; l'immoralité ne l'entrave pas puisqu'en nous y livrant, nous nous abandonnons aux impulsions naturelles, sans même songer à la matière et sans nous arrêter à dompter ses instincts et à étouffer ses désirs. Mais après que le christianisme eût apporté au monde l'idée rédemptrice, les gnostiques s'en emparèrent, et firent de Christ une émanation envoyée des régions supérieures du *Plérôme* pour accomplir une œuvre de salut et de restauration. Seulement comme l'idée chrétienne du péché, rébellion de la créature libre contre le Créateur, leur faisait totalement défaut, le salut ne fut point pour eux une question de régénération et de don de soi-même à Dieu. Le Christ n'a fait qu'apporter une

(1) Irénée, *Adv hær.*, ı, 26.

connaissance supérieure aux *pneumatiques*, c'est-à-dire aux seuls élus. Son incarnation, son œuvre terrestre, sa vie et sa mort s'évanouissent dans le docétisme le plus complet; et le gnosticisme, en voulant s'approprier le principe chrétien, se trouva contredire le christianisme dans le fait historique qui est sa base, dans la conception de la rédemption qui est son centre, et dans l'universalisme du salut qui est son but.

Vouloir faire du gnosticisme un produit logique du christianisme, c'est donc commettre une double erreur, historique et psychologique; historique, car, bien avant l'ère chrétienne, les idées gnostiques existaient et avaient commencé à se systématiser, puisque leurs représentants préoccupent les apôtres par l'ardeur de leur propagande; psychologique, car leurs principes sont directement opposés; d'un côté, le salut par la foi, de l'autre, le salut par la connaissance; ici, Dieu objet de spéculation, là, objet d'amour.

Un siècle et peut-être davantage, voilà l'intervalle entre l'apparition des deux systèmes.

D'une part, *connaître*, c'est-à-dire acquérir pour soi, en d'autres termes, *se garder;* d'autre part, *aimer*, c'est-à-dire *se donner*, voilà l'abîme entre les deux principes.

THÈSES

I

L'idée chrétienne du péché est l'idée d'une rébellion de la créature libre contre le Créateur.

II

Le gnosticisme, qui voit le principe du mal dans la matière et non dans la volonté de l'homme, ne peut en aucun sens être regardé comme un produit du christianisme.

III

On doit reconnaître dans le judaïsme postérieur à l'exil des doctrines nouvelles dues à des influences persanes.

IV

On ne peut supposer l'existence de lois de la nature, si on n'a pas la foi à une Providence; sans cette foi, on ne peut que constater des faits et non en impliquer des lois.

V

Une Eglise chrétienne ne saurait se passer de confession de foi.

VI

Le régime synodal est le régime historique et normal de l'Eglise réformée de France.

Vu par le Président de la soutenance :
Montauban, le 26 mai 1884.

J. PÉDÉZERT.

Vu par le Doyen :
CHARLES BOIS.

Vu et permis d'imprimer :
Toulouse, le 31 mai 1884.

Le Recteur,
C. PERROUD.

TABLE DES MATIÈRES

CONCLUSION

www.ingramcontent.com/pod-product-compliance
Lightning Source LLC
Chambersburg PA
CBHW070858280326
41934CB00008B/1490